D1985753

--
JENS MÜLLER (HG./ED.)

--
A5/03:
CELESTINO PIATTI+DTV
DIE EINHEIT DES PROGRAMMS
THE UNITY OF THE PROGRAM

--
LARS MÜLLER PUBLISHERS

1

Heinrich Böll
Irisches Tagebuch
[An Irish Diary]
09/1961

Einheit des Programms – Einheit der Ausstattung
von Günter Gerhard Lange

Erste Veröffentlichung in «20 Jahre Deutscher Taschenbuch Verlag», 1981

Als sich im Jahr 1960 die elf Gründungsmitglieder des Deutschen Taschenbuch Verlags entschlossen, dem Vorschlag des Verlegers Dr. Bruno Mariacher (Artemis) zu folgen und dem Schweizer Grafiker Celestino Piatti die gesamte grafische Gestaltung des neuen Taschenbuchverlags anzuvertrauen, waren sie gut beraten. Piatti rechtfertigte diese Wahl bereits durch seine Probearbeiten, die gegenüber denen eines zweiten zur Diskussion stehenden Kandidaten den Sieg davontrugen. Selbst wenn man bedenkt, dass die Szene der Schweizer Grafik stets hochqualifiziert war und das Ergebnis eines hohen Ausbildungsstandes, war die Verpflichtung Piattis ein Risiko. Man musste viel Vertrauen in die schöpferische Potenz und Variationsfähigkeit des Gekürten haben, wenn man ihm alleine und damit einer künstlerischen Handschrift nicht nur die Gestaltung sämtlicher Umschläge, sondern auch aller Werbemittel übertrug. Piatti hat in den zwanzig Jahren seines Schaffens für dtv diese Wahl glänzend gerechtfertigt.

Worauf beruht sein überwältigender Erfolg? Das Zeichnen war für den am 5. Januar 1922 geborenen Sohn eines Bauunternehmers aus dem Schweizer Dörfchen Dietlikon schon während der Sekundarschule mehr als nur eine Lieblingsbeschäftigung. Die Arbeiten dieser Zeit zeigen bereits eine ausserordentliche Begabung. Der Entschluss, Grafiker zu werden, datiert in die letzten Schuljahre zurück. Die einsichtigen Eltern vermittelten dem Sechzehnjährigen eine gründliche fachliche Ausbildung an der Kunstgewerbeschule Zürich mit anschliessender Grafikerlehre bei der Gebr. Fretz AG, Zürich, mit nachfolgender Tätigkeit als Grafiker im Atelier Fritz Bühler, Basel. Nach vier Jahren bei Bühler machte sich Piatti selbstständig und eröffnete ein eigenes Atelier. Sein Schaffensspektrum umfasste zunächst vor allem Konsumgüterwerbung: Plakate, Werbekampagnen, Ausstellungsstände, Firmenzeichen, Inserate, Illustrationen, Verpackungsdesign etc., ehe er sich mehr kulturellen, humanitären und künstlerischen Bestrebungen und Strömungen zuwandte. 1961 begann der Auftrag seines Lebens, die Zusammenarbeit mit dem Deutschen Taschenbuch Verlag. Sie währt bis heute und steht im Zentrum von Piattis künstlerischer Arbeit.

In dem Ausstellungskatalog Benteli Galerie 3018 bekennt Piatti selbst: «Kinderbilderbücher, Schulfibeln, Buchillustrationen, Buchumschläge und Plakate sind meine Hauptarbeitsgebiete und meine Lieblingsaufgaben. Ich finde es wunderbar, noch ganz junge Menschen schon mit meinen Zeichnungen und Bildern beeinflussen zu dürfen. Unter den Werbeaufträgen, meist in Form von Plakaten, bevorzuge ich diejenigen, die caritativen und kulturellen Ideen und Institutionen dienen.»

Mit der Annahme des dtv-Auftrags galt es, ein grafisches Erscheinungsbild zu entwickeln, das sich eindeutig von allem Vergleichbaren auf dem Markt abhob, und das den Anspruch des Besonderen erfüllen konnte. Die erste Arbeit war die Schaffung eines Signets für die Geschäftspapier-Ausstattung, und damit die Festlegung der für alle Werbemittel künftig zur Anwendung kommenden Typografie. Piatti entschied sich für die klassische Akzidenz-Grotesk in den Serien «gewöhnlich», «halbfett» und «fett» (in der Schweiz kurz Berthold-Grotesk genannt).

Mit dieser Schriftserie als Träger universeller Aufgaben hat die Schweiz mehr als zwanzig Jahre lang jenen legendären internationalen typografischen Stil geprägt, der auch heute noch seine Gültigkeit erweist, ja von einigen renommierten Firmen konsequent weiter gepflegt wird. Piatti hat, gewitzt durch Erfahrung und Intuition, genau jene Wahl getroffen, die über Jahrzehnte hinweg frisch und unverbraucht wirkt, doch zugleich eine optische Signalwirkung besitzt, die für Kenner von keiner anderen Schrift aufgewogen werden kann.

Die Briefausstattung, zweifarbiger Druck, ein sonores warmes Grau mit Schwarz kombiniert, mit dem zum Markenzeichen gewordenen dtv-Signet, ist eine noble, gültige Lösung. Allein die Gestalt des dtv-Signets, aus den Minuskeln der halbfetten Akzidenz-Grotesk-Serie zusammengesetzt, eingefasst in feine Begrenzungslinien, ist von kontrastreicher Symbolik und, wo immer angewandt, in jede Umgebung vorbildlich zu integrieren. Nach diesem gelungenen Start folgten die ersten, zwar noch bescheiden in Format und Umfang gestalteten Werbemittel, so z. B. das kleine Gesamtverzeichnis auf gelbem Papier. Das ist typografische Feinarbeit, die dem Leser entgegenkommt.

Es ist lohnend, einmal die Gestaltung der Umschläge genau zu analysieren. Als konstantes Merkmal wirkt zwar der Schriftzug «dtv» und der Schrifttypus im Vordergrund, aber die Anordnung dieser Elemente steht in lebhafter Wechselwirkung zu dem Gestaltbild der Zeichnung, die als Signum der Unterscheidungsfähigkeit figuriert.

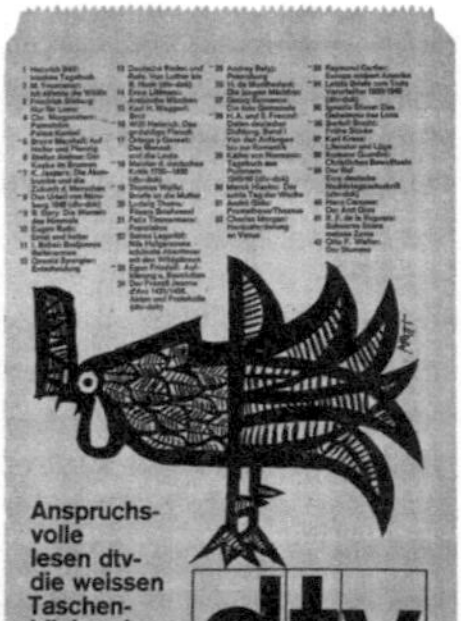

Ob es der links- oder rechtsbündige Zeilenfall oder der wechselnde Raumort für die Platzierung von Schrift und Signet ist, aus jeder Lösung spricht die Fähigkeit des Gestalters, alle Teile mit- und zueinander auf das Selbstverständlichste zu gewichten. Piatti folgt aus Prinzip nicht stur einem einmal vorgegebenen Satz- und Gestaltungsraster, sondern variiert das Thema auf individuelle Weise.

Die Wahl nur eines gesamtverantwortlichen Grafikers für einen Taschenbuchverlag stiess zu Anfang begreiflicherweise auch in der buchhändlerischen Branche auf Skepsis – schliesslich war die Entscheidung ungewöhnlich –, doch Piatti hat alle Kassandrarufe im Laufe der Jahre zum Verstummen gebracht. Bis Ende 1980 sind insgesamt 3240 Umschläge von ihm für dtv gestaltet worden. Sie haben das Profil des Verlages unverwechselbar geprägt. Eine solche Sisyphusarbeit bedeutet, manchmal bis zu 25 Titel pro Monat zu gestalten, eine ungeheure Leistung, auch wenn man berücksichtigt, dass die Umschläge der Reihen «dtv wissenschaft», «dtv zweisprachig» und die Nachschlagewerke reine Schriftlösungen sind.

Einfühlsam in den Stoff, einfallsreich in der grafischen Aussage und qualitativ vertretbar vor sich selbst und den anderen zu sein, setzt voraus: Liebe zur Sache, Identifizierung mit der Aufgabe, grafische Umsetzungsfähigkeit in den visuellen Sprachgebrauch der Allgemeinheit, ohne trivial zu werden, und bedingt ein enormes Stehvermögen. Die Beherrschung des grafischen Handwerks und seiner reprotechnischen Möglichkeiten und Verarbeitungsstufen kann man bei Piatti als selbstverständlich ansehen. Dennoch bleibt seine kreative Leistung bei der Fülle der Umschläge erstaunlich. Sie ist nur möglich dadurch, dass Piatti den Stoff der Bücher erfasst und inhaltsbezogene Illustrationen gestaltet. Nur so vermeidet er die Wiederholung des Sujets, nur so kann er schliesslich die eigene Handschrift im künstlerischen Ausdruck modifizieren und eine jeweils typische, bildhafte Formel finden, die überzeugt. Mehr noch, Umschlaggestaltung ist ja nicht nur Schaffung einer malerisch-eingängigen Vignette, sondern zugleich Integration des Textes am richtigen Raumort und in angemessener optischer Akzentuierung. Das Bemerkenswerte an Piattis Leistung ist die Fähigkeit, trotz typografischer Konstanten jedesmal ein neues Szenarium gestalten zu können, bei dem Thematik, Bild und Schrift sich zu einem überzeugenden Ganzen vereinen. Wer, so sei nüchtern gefragt, kann das heute sonst noch, wer hält ein solches Thema bei 3240 Taschenbüchern durch, gelegentliche Schwächen – wer hätte sie nicht – eingeschlossen? Ein starkes künstlerisches Selbstwertgefühl ist sicher eine Voraussetzung, die Fähigkeit, sich wechselnden Aufgaben inklusive kritischer Einreden des Auftraggebers zu stellen, die andere. Beides vereint Piatti mit Anstand und Würde. Sein Name steht für die Kontinuität des Gediegenen.

Schrift, so meint der Laie, sei zum Lesen da, trete in magerer oder fetter Gestalt auf und sei gerade- oder schrägstehend. Dann gebe es noch dekorative Zierschriften für private oder folkloristische Anlässe. Im übrigen diene Schrift lediglich der Information.

Schrift ist jedoch bedeutend mehr als nur kennfähiges Zeichen, ist mehr als reine Befriedigung des Leseanspruchs. Die Geschichte der Schriftentwicklung bietet dafür reiches Anschauungsmaterial. Das Arsenal der Formen ist durch visuelle und handwerkliche Überlieferung langsam, in einer steten Metamorphose, bis heute modifiziert worden, indes als kennfähiger Buchstabe im Kern nur selten vom klassischen Standard abgewichen. Es sind nicht nur geringe, sondern für das empfindsame Auge oft ziemlich starke Abweichungen, die aber dennoch das Vor-Bild enthalten. Die römisch-griechische Lapidarform der Capitalis findet sich bei den Versalien der sogenannten Grotesk-Schrift, die wir als Endstrichlose bezeichnen, wieder. Das antike Vorbild ist auch im Schriftduktus der klassischen Grotesk-Charaktere präsent, die im 19. Jahrhundert entstanden. Neben der klassischen Antiqua ist im Abendland der Typ der Grotesk am weitesten verbreitet.

Grotesk-Schriften – als ihr Stammvater gilt der englische Schriftgiesser William Caslon – ist bei aller Sprödigkeit und scheinbaren Simplizität des Gestaltbildes eine gewisse Anmutsqualität und Wärme eigen, die durch den Handschnitt geprägt ist. Es sind Schriften, die im

Zuge der aufkommenden Industrialisierung vor allem den Bedarf an kräftigen, nicht zu breit laufenden Schriften decken sollten, um Überschriften in Reklamedrucksachen das nötige Gewicht zu verleihen.

In dem vielschichtigen Prozess der formalen Entwicklung unserer Grotesk-Schriften kristallisiert sich im letzten Viertel des 19. Jahrhunderts schliesslich jener ausgereifte Schriftstandard heraus, der nach Meinung von Kennern im deutschen Sprachraum mit der Akzidenz-Grotesk von Berthold einen Höhepunkt erreicht. Im Jahre 1898 legt die Schriftgiesserei H. Berthold AG Berlin, den ersten Schnitt der «Accidenz-Grotesk» vor, dem wir von nun an in zahllosen Industrie- und Werbedrucksachen begegnen, er ist es auch, der der Reihe «Beck-Texte im dtv» das im ursprünglichen Sinne des Wortes «typische» Gepräge verleiht. Ein reiner Handschnitt anonymer Herkunft.

Wer sich mit dieser Schrift eingehender befasst, wird von der ungemein einfühlsamen Differenzierung der Einzelzeichen und lapidaren Formensprache gefangen. In den Rundungen dem Hochoval folgend, bei ausladenden Versalien von starker Unterscheidung, mit Kleinbuchstaben, deren jeder seine ausgeprägte Individualität besitzt, verbindet sich das Alphabet im Wort- und Textverband zu einem geschlossenen grafischen Eindruck ganz eigener Art. Das garantiert nicht nur Unterscheidbarkeit gegenüber anderen, sondern bietet jene lesbare Vertrautheit, die dem dtv von Anfang an das unverwechselbare Gesicht und die Kennfähigkeit unter den Mitbewerbern verlieh.

Mit der Reihe «Beck-Texte im dtv» präsentiert sich dem Auge das Muster einer typografischen Lösung. An dieser Titelkomposition, denn im typografisch-künstlerischen Sinne kann man hier mit vollem Recht davon sprechen, erweist sich die einfühlsame Hand des Gestalters Celestino Piatti und sein Nerv für die subtile typografische Gliederung. Allein die grossgradigen Kürzel in Form mehrfarbiger Kombinationen sind einmalig. Piatti widmet jeder Zeile, so bei sperrigen Wortkombinationen, die lückenreissende Abstände aufweisen, grösste Sorgfalt, schneidet das Wortgefüge – die «Löcher» neutralisierend – auseinander, um sie in vollkommener Harmonie zu montieren. Die Satzzeichen stehen grundsätzlich ausserhalb der Satzkante.

Wer einer so spröden Aufgabe derartige Akribie widmet, dem kann die Zuordnung von Illustrationen, Farb- und Formelementen nicht gleichgültig sein. Dazu vermittelt uns der visuelle Ausgangspunkt des dtv, die «Allgemeine Reihe», wertvolle Einsichten. Für diese Reihe wählte Piatti nun die Akzidenz-Grotesk halbfett. Als Handschnitt 1909 entstanden, verkörpert diese Schrift Eigenschaften von ungewöhnlicher Delikatesse. Da wären einmal das Verhältnis der Grundstrichstärke zur Höhe der Ober-, Mittel- und Unterlängen, zum anderen die schrägen Abschlüsse an den Rundformen des Alphabets und das Bild der Einzelformen eine Betrachtung und Vergleichung wert. Was hier, von Hand geschnitten, Gestalt annahm, gehört zu den nicht

eben häufigen Glanzleistungen der Schriftschneidekunst. Es kommt nicht von ungefähr, dass bei vielen neueren Schnitten der Grotesk-Gattung die Akzidenz-Grotesk von Berthold Pate stand. Piatti sah, dass hier eine Schrift vorlag, die ihm nicht allein durch längeren Umgang vertraut war, sondern die zu seiner lapidaren künstlerischen Handschrift und seinem grafischen Standard die optimale Ergänzung darstellte. Die halbfette Akzidenz-Grotesk ist denn auch zum Hauptträger aller gewerblichen Aussagen des dtv geworden und bestimmt das grafische Erscheinungsbild des Verlages vom Titel über den Prospekt bis zum Plakat.

Als dritte Schrift im Verbund wäre die Akzidenz-Grotesk fett zu nennen. Auch sie ein Handschnitt. Kräftig, dennoch von federnder Gespanntheit. Ihre erste Bestimmung lag in der Anwendung für Titel der Reihe «dtv dokumente». Heute ist sie inzwischen für andere Reihen repräsentativ geworden (Sachbuch, Nachschlagewerke, Atlanten).

Es besticht immer wieder, von welcher verbindenden Qualität das Schriftbild im Zusammenhang mit Bilddarstellungen ist. Sei es Foto, Zeichnung oder Malerei. Piatti hat auf charaktervolle und ästhetisch überzeugende Weise den dtv-Standard über zwanzig Jahre bis heute im besten Sinne des Wortes systematisch kultiviert. Dieser Tatsache verdankt der dtv sein Image in der Öffentlichkeit, darauf beruht nicht zuletzt sein grosser Erfolg.

--

ABBILDUNGEN (S. 5/7):
Plakate, 1961/1962
Einstecktüte, 1962
Anzeigen, 1962–1964

FIGURES (pp. 5/7):
Posters, 1961/1962
Paper bag, 1962
Advertisements, 1962–1964

Ein neuer Typ des deutschen Taschenbuches [A New Type of German Paperback]

1961
Plakat/Poster
59 x 84 cm

Das Taschenbuch für Anspruchsvolle [A Paperback for Discerning Readers]

1962
Plakat/Poster
59 x 84 cm

Das Taschenbuch für Anspruchsvolle [A Paperback for Discerning Readers]

1964
Plakat/Poster
59 x 84 cm

dtv

1965
Plakat/Poster
59 x 84 cm

sonderreihe dtv
[special dtv series]

1962
Anzeige/Advertisement
10,5 × 18 cm

Taschenbuch Information
[Paperback Information]

08/1964
Anzeige/Advertisement
11 × 28 cm

dtv Gesamtausgaben
[dtv Complete Editions]

04/1964
Anzeige/Advertisement
11 x 32 cm

Preisausschreiben
[Competitions]

0-/1963
Anzeige/Advertisement
11 x 28,5 cm

Taschenbuch Information
[Paperback Information]

02/1966
Anzeige/Advertisement
12,5 x 31,5 cm

Uniform Program – Uniform Design
by Günter Gerhard Lange

First published in »20 Jahre Deutscher Taschenbuch Verlag«, 1981

The eleven founding members of the Deutscher Taschenbuch Verlag made a very wise choice when they decided in 1960 to accept a suggestion by publisher Dr. Bruno Mariacher (Artemis) and entrust all the graphic design for the new paperback press to the Swiss graphic designer Celestino Piatti. Piatti justified the decision immediately with his sample work, which won against a second candidate who was also under consideration. Even when allowing for the fact that the Swiss graphic scene has always been of a very high caliber and the product of high educational standards, engaging Piatti involved an element of risk. A great deal of trust was being invested in the creative powers and flexibility of the man chosen: he was being asked to design, single-handedly and thus with one single set of artistic characteristics, not just all the book covers, but all the advertising matter as well. Piatti justified this choice brilliantly in the twenty years he worked for dtv.

What is the secret of his overwhelming success? Even when he was still at secondary school, drawing was more than just a favorite activity for this building contractor's son from the little Swiss village of Dietlikon, born on January 5, 1922. His work at this time already shows extraordinary talent. The decision to become a graphic designer dates back to his last years at school. His perceptive parents secured the sixteen-year-old boy a thorough course of specialist training at the Kunstgewerbeschule in Zurich, followed by a graphic design apprenticeship with Gebr. Fretz AG, Zurich, then work as a graphic designer in the Atelier Fritz Bühler, Basel. Piatti went freelance after four years with Bühler and opened his own studio. Initially, his creative range covered mainly promotion for consumer goods: posters, advertising campaigns, exhibition stands, company logos, small ads, illustrations, package design, etc., before he turned his attention to more cultural, humanitarian, and artistic efforts and lines of activity. He started his commission of a lifetime, with the Deutscher Taschenbuch Verlag, in 1961. It has continued to the present day, and is central to Piatti's artistic work.

Piatti himself admits in the Benteli Galerie 3018 exhibition catalogue: "Pictures for children's books, school primers, book illustrations, book covers, and posters are my main fields of activity and my favorite jobs. I think it's wonderful to be able to influence people who are still very young with my drawings and pictures. For advertising commissions, usually in the form of posters, I prefer those that serve charitable and cultural ideas and institutions."

Accepting the dtv commission meant developing a graphic image that stood out clearly from everything else that was comparable on the market, and that could meet the claim to be something special. His first task was to create a logo for the company notepaper, thus also fixing the typeface to be used for all advertising in future. Piatti decided on classic Akzidenz-Grotesk in the ordinary, semibold, and bold series (known as Berthold-Grotesk for short in Switzerland).

By using the typeface series as a vehicle for universal tasks, Switzerland has for more than twenty years created that legendary international typographic style that is still proving its worth today, indeed is consistently used as a matter of course by some distinguished firms. Piatti, shrewd in his experience and intuition, made just the right choice to look fresh and vigorous for decades but at the same time making a sharp visual impact that connoisseurs think is unequaled by any other typeface.

The letterhead design, printed in two colors, a sonorous, warm gray combined with black, with the dtv logo that has become a trademark, is a dignified and valid solution. Even the design for the dtv logo, assembled from lowercase characters from the semibold Akzidenz-Grotesk series, framed by fine borderlines, is full of symbolic contrast and can be integrated in an exemplary fashion into any context in which it is used. This successful start was followed by the first advertising matter, still modest in format and design at this stage, for example, the small complete list on yellow paper. This is refined typographical work that comes out to meet the reader.

It is worth while taking time to analyze the cover designs. Certainly the "dtv" lettering and the typeface make a foreground impact, but the arrangement of these elements offers lively interplay with the overall drawn image, which figures as a sign of the ability to make distinctions.

Whether it is the lines justified to the right or to the left, or the changing area for placing lettering and logo, every solution shows the designer's ability to weight every element with and in relation to every other one in order to make them seem self-explanatory. Piatti does not stubbornly follow a typesetting and design grid that has been set once and for all, but varies the theme in an individual way.

At first, choosing only one designer to be responsible for the entire output of a paperback press understandably met with some skepticism in the bookselling trade—when all is said and done, it was an unusual decision—but over the years, Piatti silenced all the prophets of doom. By late 1980, he had designed a total of 3,240 covers for dtv. They gave the press its unmistakable image. A Sisyphean task of this kind sometimes meant designing up to 25 titles per month, an enormous achievement, even when bearing in mind that the covers for the "dtv science" and "dtv bilingual" series involve only lettering.

Empathizing with material, being inventive in terms of graphic appeal, and sufficient to one's self and others in terms of quality means loving one's work, identifying with the task in hand, being able to translate a design into generally intelligible visual language without being trivial, and requires enormous stamina. In Piatti's case, mastery of the graphic craft and its possibilities in terms of repro and the processes that have to be followed can be taken for granted. Even so, his creative achievement remains astonishing given the very large number of covers he designed. It was possible only because Piatti

grasped the subject matter in the books and designed illustrations that related to the content. This was the only way in which he could avoid repeating a subject, and in which he could ultimately modify his own handwriting in terms of artistic expression and find a pictorial formula that was always typical and convincing. And even more, cover design does not simply mean creating a painterly and readily comprehensible vignette, but also integrating the text in the right place, and with appropriate visual accentuation. The remarkable thing about Piatti's achievement is his ability to be able to create a new scenario each time despite the typographical constants, with subject matter, image, and typeface joining to create a convincing whole. Who, let us ask quite objectively, can still do this today, who could carry a theme like this through 3,240 paperbacks, including occasional weaknesses—who wouldn't have had some? Certainly a strong sense of artistic self-esteem is one prerequisite, and the ability to address changing requirements, and to face critical comments from your employer is another. Piatti combines both these with decency and dignity. His name stands for the continuity of tasteful good quality.

Typefaces, so laymen think, are there to be read. They appear in a normal or bold form, and stand up straight or lean over diagonally. And then there are decorative typefaces for private or folklore-related occasions. Also type is there simply to convey information.

But type is significantly more that just a recognizable sign, more than mere satisfaction of the need to read. The history of the development of typography offers a great deal of material that shows this vividly. The arsenal of forms has been modified slowly down to the present day, by visual and craft tradition, and is in a state of constant metamorphosis, though essentially a recognizable letter will rarely deviate from the classical standard. Changes may be slight, but often marked for the sensitive eye, yet they still contain the original image. The Romano-Greek lapidary form of the capital letter is to be found in the uppercase characters of the so-called Grotesk typeface, which we call sans-serif. The ancient model is also present in the typeface line of the classical Grotesk characters that came into being in the nineteenth century. Alongside classical Antiqua, the Grotesk type is the most widespread.

Grotesk typefaces—the English type founder William Caslon is considered to be their father—despite all the brittleness and apparent simplicity of the designed image, possess a certain quality of grace and warmth that is conveyed because they are cut by hand. These are typefaces intended above all to meet the need for powerful type that did not run too wide that arose at the onset of industrialization, in order to give the necessary weight to headings in printed advertising.

Finally, within the complex process of the formal development of our Grotesk typefaces, a mature standard type crystallized out in the last quarter of the nineteenth century that in the opinion of connoisseurs in the German-speaking countries culminated in Berthold's Akzidenz-Grotesk. The H. Berthold AG type foundry in Berlin introduced the first Accidenz-Grotesk cut in 1898, and from then on we come across it in countless items of printed matter for industry and advertising. It is also the typeface that gives the Beck-Texte im dtv series their look, which is "typical" in the original sense of the word. A pure hand-cut, anonymous in its origin.

Anyone who looks into this typeface in more detail will be struck by the unusually sensitive differentiation between the individual signs and the lapidary formal language. The alphabet comes together in the combination of words and text to create a complete graphic impression of a very particular kind in the vertical oval curves, in distinctly different sweeping capitals, in lowercase letters, each of which has its distinctive individuality. This does not simply guarantee that the typeface is distinctive in relation to others, it offers that kind of legible familiarity that gave dtv its unmistakable face and made it recognizable among its competitors from the outset.

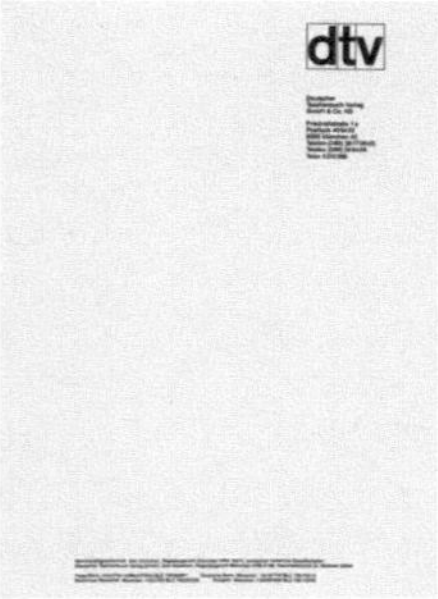

A model typographic solution can be seen in the Beck-Texte im dtv series. This title composition, and it is here entirely justifiable to call it this in the typographical and artistic sense, shows designer Celestino Piatti's sympathetic hand and his nerve for subtle typographic articulation. The large abbreviations alone, taking the form of multicolored combinations, are unique. Piatti devotes the greatest of care to every line, given such bulky combinations of words with gaps created by the spacing. He cuts up the structure of the words—neutralizing the "holes"—so that they can be assembled in perfect harmony. The punctuation marks are placed outside the type area as a matter of course.

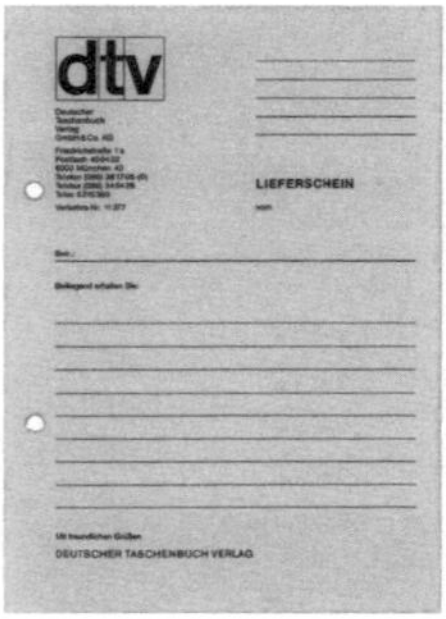

Anyone devoting meticulousness of this kind to such a dry task cannot be unconcerned about the arrangement of illustrations, elements of form, and color. Here the visual starting point for dtv, the Allgemeine Reihe [General Series] offers valuable insights. Piatti chose Akzidenz-Grotesk semibold for this series. This typeface was hand-drawn in 1909 and embodies some extraordinarily delicate qualities. First of all, the relationship of the thickness of the ground stroke to the height of the ascenders and descenders, and then the oblique conclusions to the round forms in the alphabet and the image of the individual forms are worth consideration and comparison. This hand-cut typeface produced a form that counts among the infrequent brilliant achievements of the type-cutter's art. It is no coincidence that Berthold's Akzidenz-Grotesk inspired many more recent cuts in the Grotesk genre. Piatti saw that here was a model typeface that was not just familiar to him because he had used it for so long, but one that would best complement his terse artistic handwriting and his graphic standards. Semibold Akzidenz-Grotesk then became the main vehicle for all dtv's commercial statements, defining the press's graphic image from title via brochure to poster.

Akzidenz-Grotesk bold should be mentioned as the third typeface in the alliance. Powerful, yet with a springy tension, it was first used for titles in the dtv dokumente series. It has come to stand for other series since (nonfiction, reference, atlases).

It is always appealing to see how powerfully a typeface can work in combination with pictures, whether they are photographs, drawings, or paintings. Piatti has cultivated the dtv standard characterfully and with aesthetic conviction over twenty years up to the present day, working systematically in the best sense of the word. dtv has this fact to thank for its public image, and it is on this that its success not least relies.

--

ABBILDUNGEN (S. 15/17):
Anzeigen, 1964
Prospekt «Das neue Programm», 1963
Briefbogen
Lieferschein

FIGURES (pp. 15/17):
Advertisements, 1964
Brochure «The new program», 1963
Letterhead
Delivery note

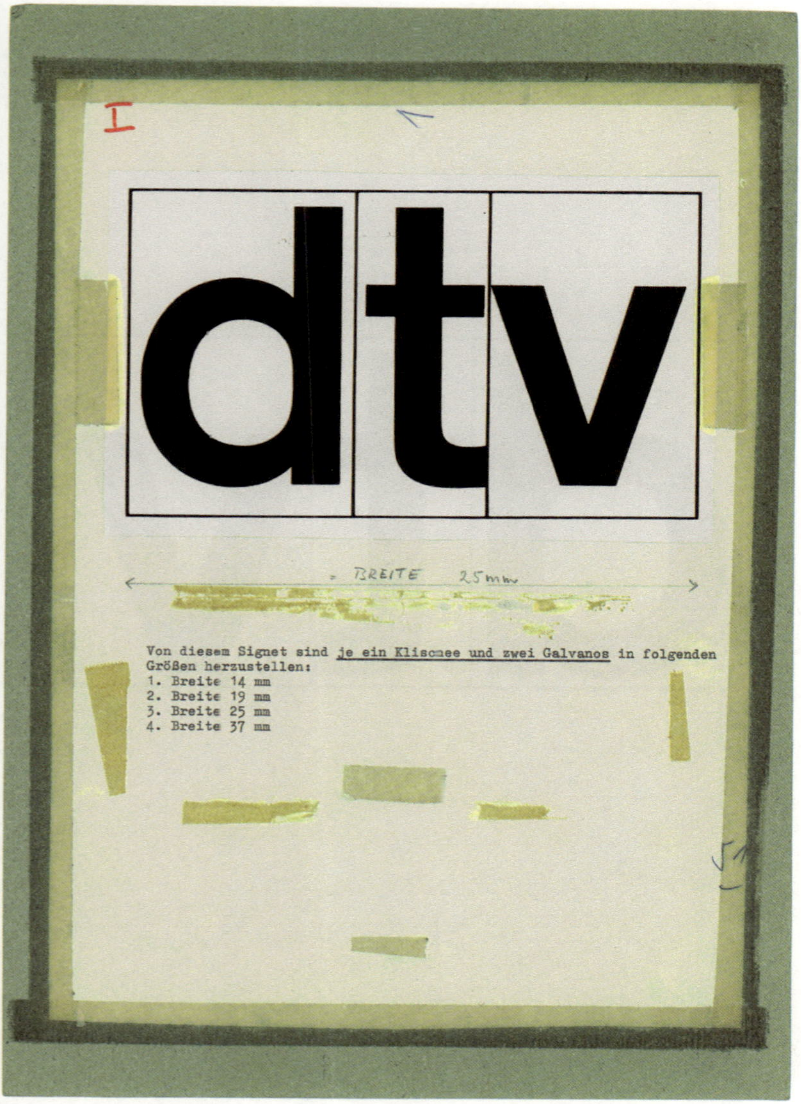

Logo für normale Bände
[Logo for normal volumes]

1961

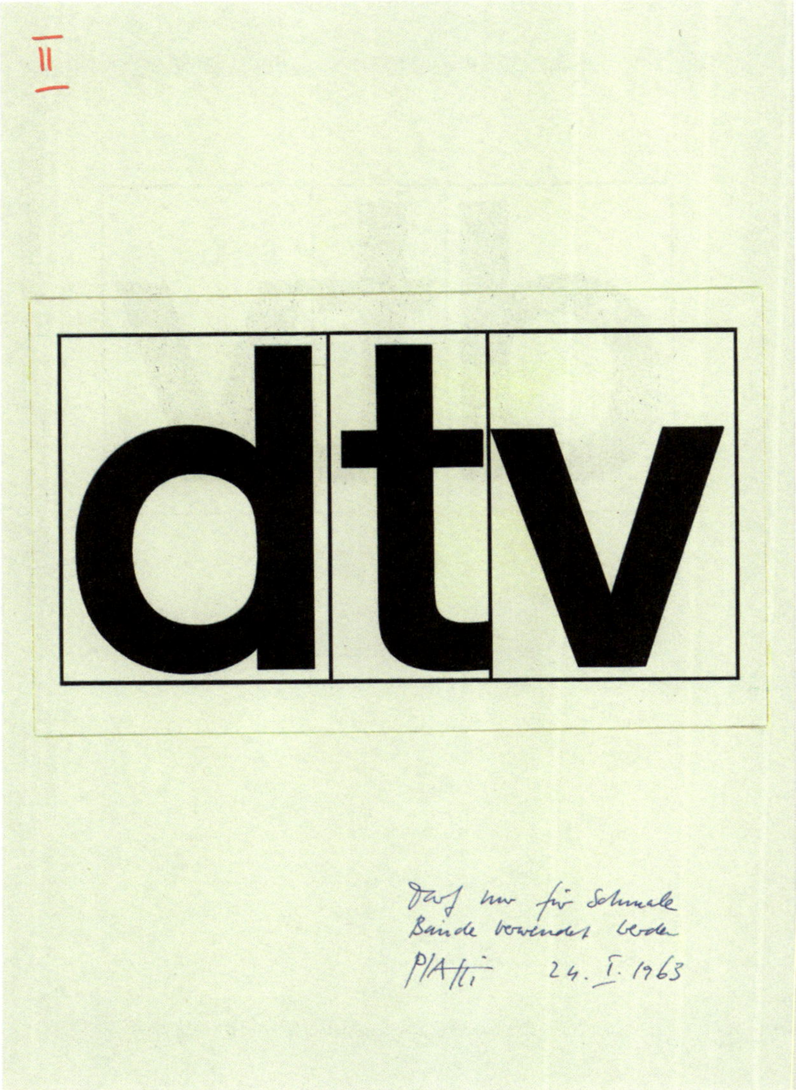

Logo für schmale Bände
[Logo for narrow volumes]

1963

Logo für extrem schmale Bände [Logo for extremely narrow volumes]

1963

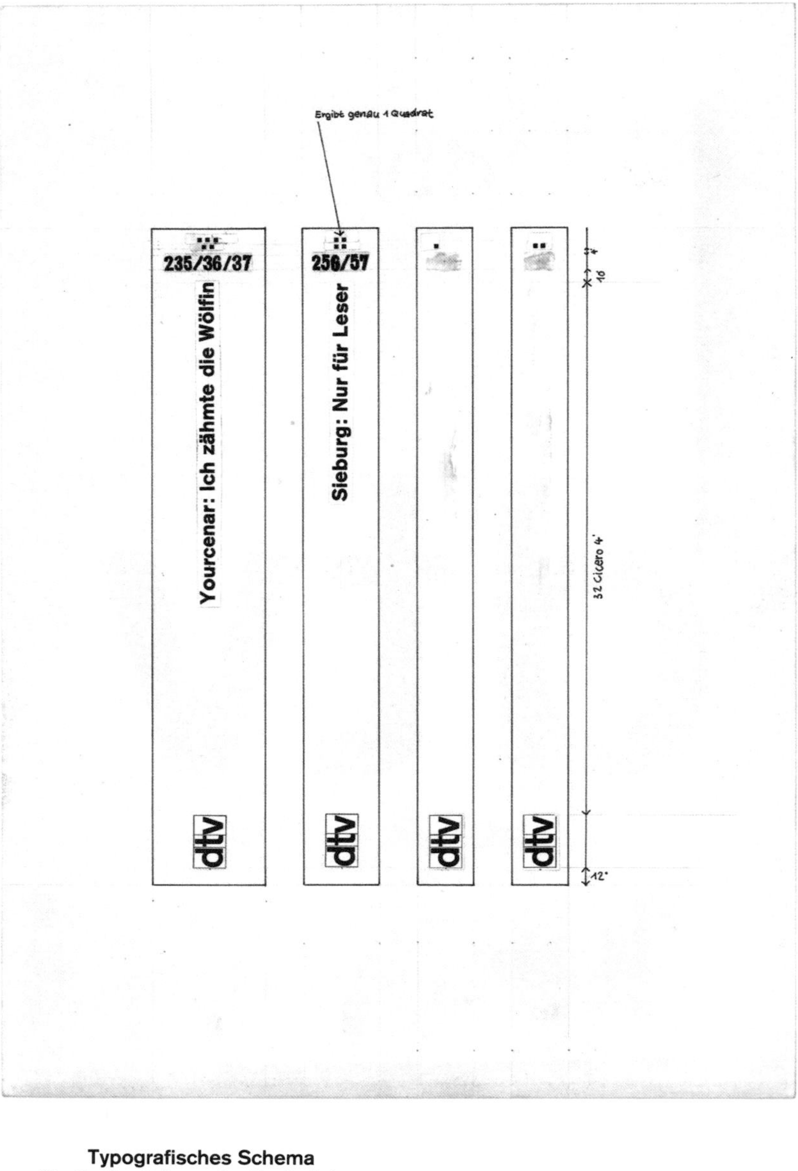

**Typografisches Schema
für die Gestaltung der Buchrücken
[Typographic scheme for spine design]**

1963

Typografisches Schema für die Gestaltung der Normalbände [Typographic scheme for normal volume design]

1961

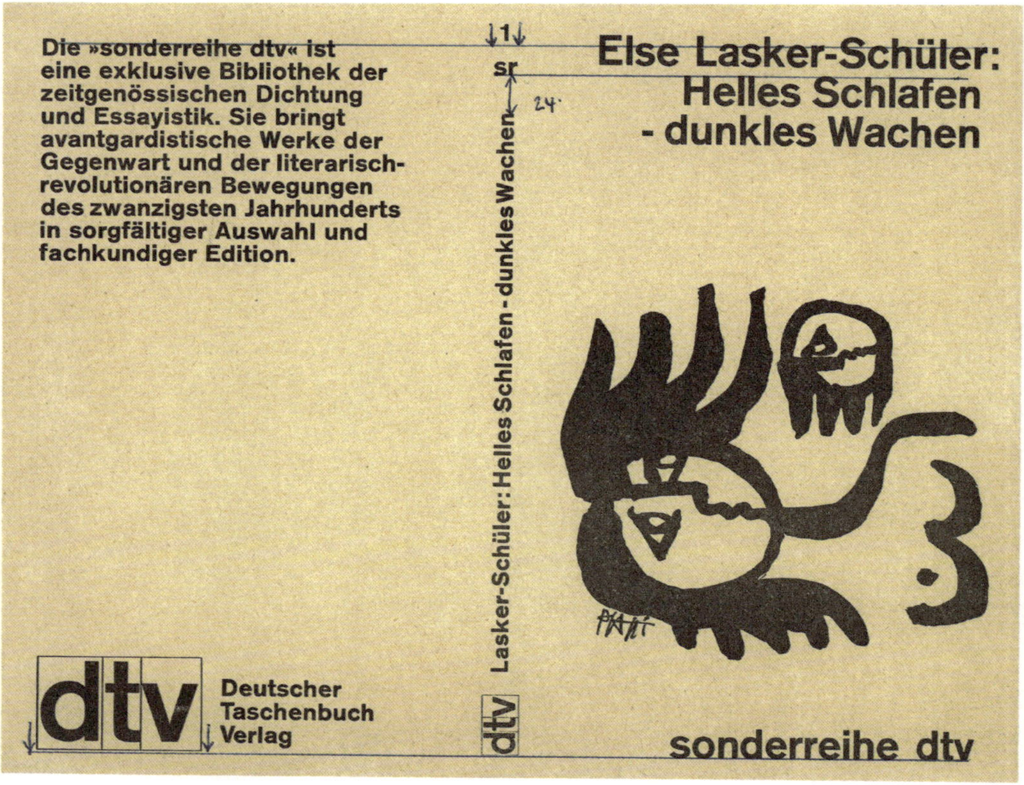

5301

Else Lasker-Schüler
Helles Schlafen - dunkles Wachen
[Light Sleep – Dark Awakening]

04/1962
Korrekturabzug/Proof

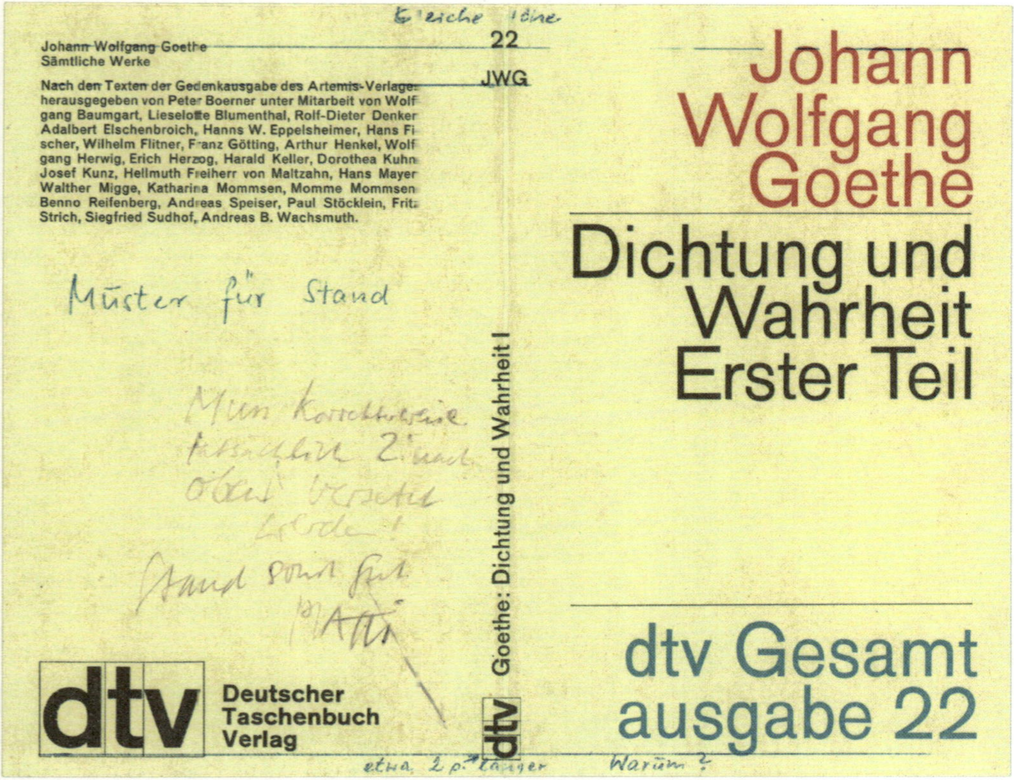

5122

Johann Wolfgang Goethe
Dichtung und Wahrheit, Erster Teil
[Poetry and Truth, Part One]

06/1962
Korrekturabzug/Proof

Ein Gespräch mit Celestino Piatti

von Albert Kock

Erste Veröffentlichung im «Frankfurter Allgemeine Magazin», 1990

Warum ist Ihr Handwerk eine Kunst?

Ich glaube, es ist eine Kunst, wenn ich den Auftrag zu einer Plakatgestaltung so umsetze, dass die Botschaft des Plakats wirklich zu den Menschen kommt und am richtigen Ort ihre Wirkung ausübt. Bei uns in der Schweiz war es schon immer eine grosse Streitfrage, ob die Plakatkunst nun zur angewandten oder zur freien Kunst gehört. Ich bin zum Beispiel auch in der Jury tätig, die in der Schweiz Motive für die Briefmarken auswählt. Dort zähle ich als Künstler, der die angewandte Kunst vertritt, ein Kollege ist Vertreter der freien Kunst. Doch diese Einteilung ist fast sinnlos. Beide Bereiche überschneiden sich. Zudem muss ein guter Plakatkünstler auch ein guter Handwerker sein. Er muss sein Handwerk beherrschen. Das ist der rein manuelle Teil.
Nur so kann er die künstlerische Aufgabe überhaupt bewältigen. Für mich ist das mehr ein Problem im Kopf als eine Frage der praktischen Ausführung. Ich könnte ohne mein handwerkliches Geschick nicht zeichnen oder ein Plakat gestalten.

Verlangt denn die Plakatgestaltung mehr handwerkliches Können als bei anderen Künsten?

Nein. Das kann ich aus meiner Sicht nicht bestätigen. Ich finde einfach, dass das Handwerkliche eine Selbstverständlichkeit sein sollte. Ich muss in der Ausführung genauso gut sein wie ein Goldschmied oder ein Schlosser. Das Hindernis ist bei mir nur, dass ich eine Idee noch umsetzen muss.

Trotzdem wird das Plakat gern als sogenannte Gebrauchskunst verächtlich gemacht...

Daran können nur die schlechten Plakate schuld sein. Ich habe schon viele Jahre mit dem Beobachten von Plakaten zugebracht und selber auch viele gezeichnet. Ein wahnsinnig hässliches Plakat kann auch sehr gut sein, wenn alle anderen geleckt oder geschliffen sind. Die Kontrastwirkung spielt bei den Plakaten, ob an der Plakatwand oder der Litfaßsäule, eine grosse Rolle. Ich würde deshalb nicht sagen, dass man Plakate nur als Gebrauchskunst in dieser negativen Bedeutung einordnen kann. Viele grosse Künstler wie Picasso, Matisse oder Beuys haben Plakate gemacht, die dann ganz natürlich als Kunst verstanden wurden. Alle diese Plakate sind freie Zeichnungen, die mit einem guten Text zu einem Plakat wurden. Gut, das Plakat ist durch den Text immer zugleich eine Art Werbeträger. Es hat eine Botschaft. Dadurch ist es im engeren Sinn keine Gebrauchskunst. Das trifft nur auf das Poster zu, das man zur Dekoration aufhängt.

Muss das Plakat immer eine Botschaft haben?

Ein richtiges Plakat, eines in dem Sinne also, wie ich es verstehe, hat immer eine Botschaft. Immer ist auch ein Text dabei. Es gibt zwar auch Plakate, die nur mit dem Bild etwas aussagen wollen. Aber dann muss man allein mit den Gedanken des Plakats auf den Zweck hinweisen. Man sagt ja auch, Plakate sind die Galerie der Strasse. Die üblichen Werbeplakate für Zigaretten oder Alkohol wollen nur eine Ware vermitteln. Schön im ästhetischen Sinne sind Theaterplakate, spannend sind die politischen Plakate. Mich hat bei den Studentenunruhen von 1968 immer beeindruckt, wie die Studenten ganz spontan

Plakate gemacht haben. Nicht mit aufwendigen Methoden wie Fotos oder Lithografien. Ganz simpel, in Schwarzweiss. Das war die Urform des Plakats. Vielleicht haben sie deshalb so stark gewirkt. Auch in der DDR ist das jetzt zu beobachten. Die Transparente sind im Grunde Plakate. Es waren Bildzeichen mit guten Texten. Die haben sie dann statt teurer Plakate herumgetragen. So haben sie die Plakate durch Transparente ersetzt. Das ist schon ein Unterschied zum Poster, das nur als Dekor dient: wie ein weisses Pferd, ein Einhorn oder ein Akt.

Welchen Stellenwert hat das Plakat in der bildenden Kunst?
Das geht bis Toulouse-Lautrec zurück. Es gibt viele hervorragende künstlerische Plakate, die von grossen Künstlern gestaltet wurden; die haben einen Stellenwert in der bildenden Kunst. Sicher ist der Anteil der Plakate, die in diese Kategorie fallen, nicht so hoch. In der Schweiz sind es von dreihundert im Jahr gestalteten Plakaten vielleicht dreissig. Aber es gibt eben keine generelle Trennung zwischen der bildenden Kunst auf der einen und den Plakaten auf der anderen Seite. Viele Künstler haben die Plakate für ihre eigenen Ausstellungen oder Kunstauktionen gemacht. Man sieht es ja auch an den Kunstpreisen, die Plakate jetzt bekommen. Von den Wertsteigerungen im Kunsthandel gar nicht zu reden.

Hat das Plakat in einer Zeit Zukunft, die vom bewegten Bild beherrscht wird?
Ja. Vielleicht gerade wegen seiner Statik. Ich denke manchmal beim Fernsehen, dass es besser gewesen wäre, wenn ein Bild länger stehengeblieben wäre. Diese vielen sinnlosen Schwenks; es wird oft zu schnell über Berg und Tal geschwenkt. Das Plakat ist dazu der Kontrast. Es hat keinen Sinn, dass das Plakat in der Art von bewegten Bildern benutzt wird. Es muss seine eigene Funktion betonen. Es ist die Tradition des Plakats, mit einem einfachen, statischen Symbol zu arbeiten. Das hat seine Wirkung, auch ohne Bewegung. Im Gegenteil: Wenn man in einem Amtsgebäude durch öde Gänge läuft und plötzlich kommt eine Anschlagtafel, an der ein Plakat hängt. Wir erinnern uns, wie das im Krieg war. Da stand dann nur «Feind hört mit». Das sind simple Lösungen. Aber sie haben sofort ausgesagt, was auszusagen war. Sie konnten die Botschaft am einfachsten und besten vermitteln.

Der Schweizer Edwin Lüthy beschrieb 1921 den Sinn des politischen Plakats so: «Es soll jeden auf der Strasse gedankenlos Vorbeibummelnden oder gedankenschwer Vorbeihastenden mit telepathischem Griffe fesseln und sein Herz durch die Schönheit und Anmut eines Bildes gewinnen.»
Ja. Aber das ist nicht allein eine Frage der Ästhetik. Wenn Plakate zum Beispiel in der Schweiz die Abschaffung der Armee fordern, hat das wenig mit Herz und Anmut zu tun. Oder Plakate, die auf hungernde Kinder in der Welt hinweisen. Die Qualität der Aussage hat beim Plakat nichts mit der Form gemeinsam. Ausserdem finde ich den Satz etwas anmassend. Nicht jeder, der vorbeibummelt, ist gedankenlos. Viele sind in Gedanken. Wenn es das Plakat schafft, jemanden aus seinen Gedanken herauszuholen und ihn mit der Aussage oder

Botschaft zu konfrontieren, hat es seinen Zweck erfüllt. Das hat weniger mit Schönheit als mit Ausstrahlung zu tun. Aber es hat sich noch etwas anderes verändert. Heute bewegt sich ja der Zuschauer in aller Regel an einem Plakat vorbei: im Auto, in der Strassenbahn oder mit dem Fahrrad. Das Bild bleibt stehen. So kann man nur mit einem statischen Bild die Aufmerksamkeit erregen.

Das Plakat ist in erster Linie ein Medium der Werbung. Welche Funktionen kann es noch haben?
Früher hat man immer ein wenig grossspurig gesagt, mit einer Werbeaktion will man etwas erreichen. Dafür ist die Plakatwerbung die schwere Artillerie. Und die Anzeigen sind die Infanterie. Es ist schon so: Das Plakat ist ein klassisches Mittel der Werbung. Allerdings hat es als Werbeplakat immer auch einen negativen Anstrich, weil es für viele Dinge wirbt, die der Mensch nicht unbedingt braucht. Es ist ein Unterschied, ob ein Plakat für ein Theater oder für einen Supermarkt Werbung macht.

Man nennt das Plakat auch ein «unentbehrliches Werbemittel». Gilt das auch für die schönen Künste?
Ich fände es einfach schade, wenn man auf das Plakat in diesem Bereich verzichten würde. Aber das Plakat erlebt ja eine wahre Renaissance, vor allem in der Kunst. Keine Ausstellung ohne Plakat. Und diese Plakate werden ja nicht nur gesehen, sondern sie werden als Kunstdruck verkauft.

Findet das Plakat schneller Ausdruck für das jeweilige Zeitempfinden als andere Kunstgegenstände?
Das würde ich in der DDR so sehen oder auch bei den Studentenunruhen. Grundsätzlich stimmt es, dass Plakate rascher auf den sogenannten Zeitgeist eingehen können. Das liegt sicher daran, dass andere künstlerische Arbeiten Entwicklungsphasen brauchen. Es gibt kaum ein künstlerisches Ausdrucksmittel, das so schnell eine Form des Protestes für politische Zustände findet, wie das Plakat. Es kann immer noch in die Rolle zurückfallen, eine Parole auf einem weissen Stück Papier zu bieten. Nach dem Einmarsch der Warschauer-Pakt-Staaten in die ČSSR haben wir aus Protest Plakate gemacht. Da lag eine tschechische Fahne am Boden, und darüber fuhr ein Panzer. Mit einer einfachen Schablonenschrift war das ein Plakat. Gewiss eher ein politisches als ein künstlerisches Plakat. Aber die Botschaft war klar. Es ist eine Möglichkeit des Protests, auf einfache Mittel zurückzugreifen, um Plakate zu machen.

Warum bedarf die Kunst der Illustration?
Die Illustration ist wie eine Blitzaufnahme. Sie muss den literarischen oder künstlerischen Sachverhalt in einem wichtigen Moment erfassen. Sie soll jemanden zum Lesen anhalten. Im günstigsten Falle macht sich der Leser sogar über die Illustration Gedanken. Beim Deutschen Taschenbuch Verlag gibt es viele Leser, die melden sich bei mir und äussern sich zur Illustration auf den Buchumschlägen. Das sind ganz spontane Reaktionen. Sie bestätigen mir auch sehr oft, dass ich das Buch gut gelesen habe und die Umschlaggestaltung mit dem Inhalt

übereinstimmt. Das würden sie nicht machen, wenn die Illustration nur Dekoration wäre. Sie soll ja auch zum Lesen verführen. Diese Frage gilt aber eher für Taschenbücher. Dort ist der Umschlag auch ein kleines Plakat für das Buch. Dort bedarf die Kunst der Gestaltung. Darüber hinaus gibt es noch die Gattung der bibliophilen Bücher. Hier ist die Illustration ein Bestandteil des Buches.

Kommt die Literatur denn ohne Illustration aus?
Grosse Literatur, darüber gibt es keinen Zweifel, setzt sich auch ohne Illustration durch. Vielleicht könnte man sagen, dass die Illustration eine Bereicherung ist.

Sie haben unzählige Buchumschläge gestaltet. Dankt es die Literatur, danken es die Literaten dem Illustrator?
Ja, gewiss. Ich habe gemerkt, dass sich viele Autoren bei dtv oder anderen Verlagen über die Umschläge gefreut haben, ob Böll, Lenz oder die vielen anderen, die hier publizieren. Ich glaube, viele sind sogar überzeugt, dass die Illustrationen ihrem Buch geholfen haben. Mehr noch: dass sie ihren Werken gerecht wurden. Es gibt nicht wenige Leute, die wollen die zum Buch gehörigen Umschlagillustrationen kaufen. Ich bejahe diese Frage also auch mit einer gewissen Freude.

So weit zu gehen, Ihre Illustrationen als Teil des künstlerischen Werts eines Buches zu sehen, würden Sie nicht?
Ich empfinde mich in einer dienenden Funktion. Es ist natürlich auch ein gewisser Stolz dabei. Wenn ich dann in einer Buchhandlung meine Bücher sehe, beziehungsweise Bücher mit meinen Umschlägen, dann habe ich, das würde ich auch nicht verhehlen, den Eindruck, dass ich ein Teil der Bücher bin. Oder dass ich mithelfen kann, dass dieses Buch ein Erfolg wird. Wenn ich mit einer Zeichnung eine Uhr oder eine Drehbank verkaufen müsste, hätte ich dieses Gefühl jedenfalls nicht. Für mich ist bei einem literarischen Werk die Illustration in diesem Sinne schon ein Teil der Kunst. Darum verbindet es sich mit dem Buch.

Ihr Verleger Heinz Friedrich bestimmt die Aufgabe der Gebrauchsgrafik so: Sie trage zur Aufrechterhaltung oder auch Wiederherstellung der Kommunikation des Künstlers mit der Gesellschaft bei...
Er meinte das über eine Phase, in der sich die Künstler ganz bewusst von der Gesellschaft getrennt haben. L'art pour l'art. Ich denke, er hat recht mit seiner Meinung, dass gerade das Taschenbuch es geschafft hat, Hürden abzubauen. Ich schütte mit meiner Grafik Gräben zu. Das wurde mir auch von den Autoren bestätigt.

Braucht Literatur ein Design?
Das bezieht sich im Grunde mehr auf das Gesicht des Verlages denn auf das Erscheinungsbild eines einzelnen Buches. Das einheitliche oder erkennbare Design eines Verlagshauses ist schon gewünscht. Wir hätten mit dem dtv nicht so einen Erfolg gehabt, wenn wir ohne dieses Gesicht gearbeitet hätten. Andere hatten den Sektor Taschenbuch längst belegt. Wir haben uns aber dann doch durchgesetzt, weil die Literatur des Verlages ein Gesicht bekam. Auch das Buch kommt ohne Gestaltung nicht aus.

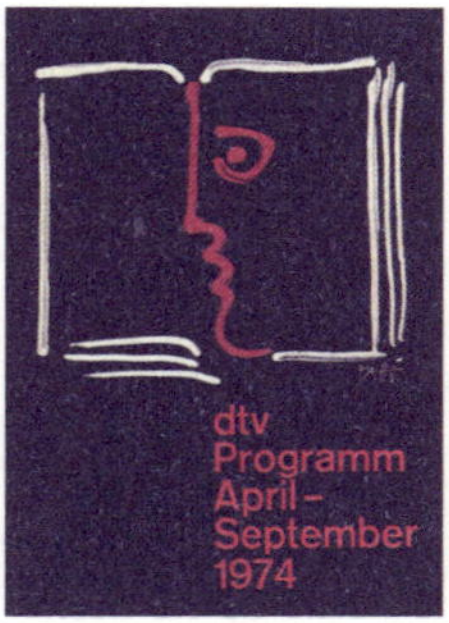

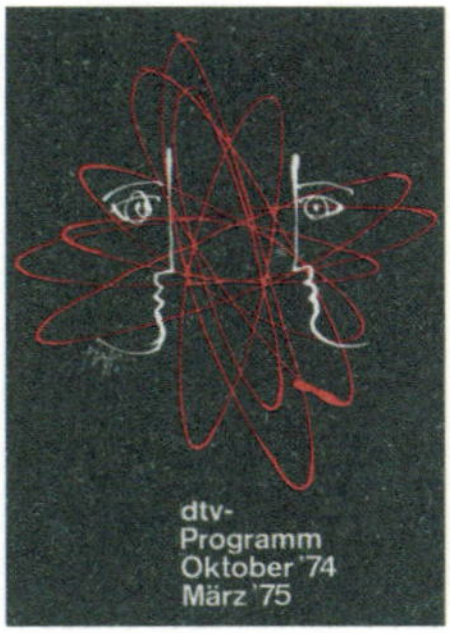

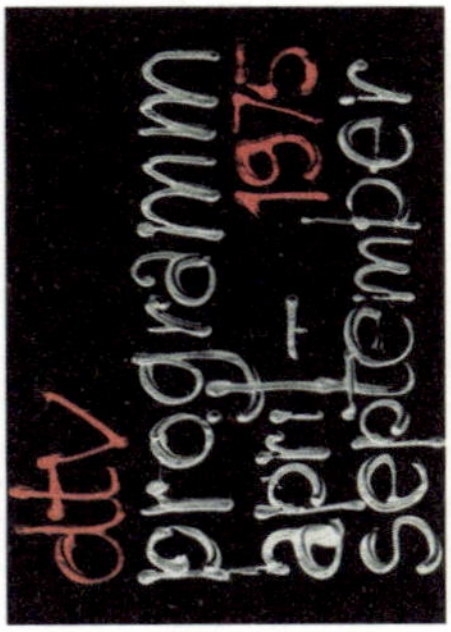

A conversation with Celestino Piatti
by Albert Kock

First published in
«Frankfurter Allgemeine Magazin», 1990

Why is your craft an art?
I believe it is art when I implement a poster design commission in such a way that the poster's message really makes an impact on people and is effective in the right place. We have always quarreled in Switzerland about whether poster art is applied or free. For example, I also serve on the jury that chooses the motifs for Swiss postage stamps. There I am seen as an artist representing applied art, and a colleague represents fine art. But this distinction makes practically no sense. The two spheres overlap. And a good poster artist also has to be a good craftsman. He must be master of his craft. That is the purely manual element. That is the only way in which he can carry out his artistic task. For me this is more a problem in the mind than a question of practical execution. I could not draw or design a poster without my craft skills.

So does poster design require more craft skill than other arts?
No. I cannot say that it does from my point of view. I simply feel that craft skills should be taken for granted. The finish on my work has to be as good as that of a goldsmith or a metalworker. The obstacle in my case is that I have to implement an idea as well.

Even so, people like to sneer at posters as so-called commercial art.
The only reason for that is bad posters. I have spent a great many years looking at posters and I have drawn quite a few myself. A crazily ugly poster can be very good if all the others are spick-and-span and polished. Contrast is a key feature of posters, whether they are on a billboard or an advertising column. But I would not say that posters can be dismissed merely as commercial art in this negative sense. Many great artists such as Picasso, Matisse, or Beuys have made posters, and of course these were then perceived as art. All these posters are free drawings that a good text makes into a poster. Okay, text means that posters are always an advertising medium. They carry a message. So they are not commercial art in any narrow sense. That only applies to posters that are hung up as decoration.

Do posters always have to carry a message?
A proper poster, in other words a poster in the sense that I understand it, always carries a message. And there is always a text there. And there are also posters that intend to make a statement through an image alone. But then you have to indicate the purpose with the poster's ideas. People also say that posters are the gallery of the street. Conventional posters for cigarettes or alcohol are intended to promote one commodity only. Theater posters are beautiful in an aesthetic sense, political posters are exciting. I was always impressed during the 1968 student unrest to see how students spontaneously made posters. Not using elaborate methods like photos or lithographs. Quite simply, in black and white. That was the poster in its original form. Perhaps that's why they made such a powerful impression. You can see that in the GDR now, too. The banners are essentially posters. Pictorial signs with good texts. Then they carried them around instead of expensive posters. So they replaced the banners with posters. That alone is different from a poster put up for decoration: like a white horse, a unicorn, or a nude.

What is the poster's status in fine art?

That goes back to Toulouse-Lautrec. There are very many outstanding artistic posters designed by great artists, and these have a status within fine art. Certainly the proportion of posters that fall into this category is not very high. In Switzerland it is probably thirty of the three hundred posters designed per year. But there is no general distinction between fine art on the one side and posters on the other. Many artists have made the posters for their own exhibitions or art auctions. You can see this reflected in the art prices that posters command now. To say nothing of their increased value in the art business.

Do posters have a future in an age dominated by moving images?

Yes. Perhaps precisely because they are static. I sometimes think when I am watching television that it would have been better for an image to have stayed still for longer. There are so many pointless pans; people often pan over mountains and valleys too quickly. The poster forms a contrast with this. It does not make sense to use posters in the same way as moving images. It must emphasize its own function. The tradition of the poster is to work with a simple, static symbol. This makes its own effect, even without movement. On the contrary, if you are walking through dreary corridors in some official building and suddenly come across a notice board with a poster on it. We remember what it was like during the war. All it said was "Walls have ears." These are simple solutions. But they immediately said what needed to be said. They were able to convey the message in the best and simplest way.

The Swiss writer Edwin Lüthy defined the meaning of the political poster like this in 1921: "It should bind anyone strolling down the street without a thought in his head or hurrying past sunk in thought with a telepathic grip and win his heart through the beauty and grace of an image."

Yes. But that is not just a question of aesthetics. For example, when Swiss posters demand that the army should be abolished, that has very little to do with heart and grace. Or posters drawing attention to the world's hungry children. In posters, the quality of the statement has nothing in common with the form. And apart from that, I find that sentence somewhat presumptuous. Not everyone who strolls past does not have a thought in his head. Many are thinking. And if the poster manages to interrupt someone's thoughts and confront him with a statement or message, then it has fulfilled its purpose. That is less to do with beauty than with charisma. But something else has changed as well. As a rule, today's spectators move past a poster in a car, on a tram, or on a bike. The image stays put. So you can only attract attention with a static image.

Posters are first and foremost an advertising medium. What other functions can they have?

Formerly people used to say somewhat sweepingly that an advertising campaign is intended to achieve something. Here poster advertising is the heavy artillery. And newspaper and magazine ads are the infantry. It is like that: the poster is a classic advertising medium. But as an ad-

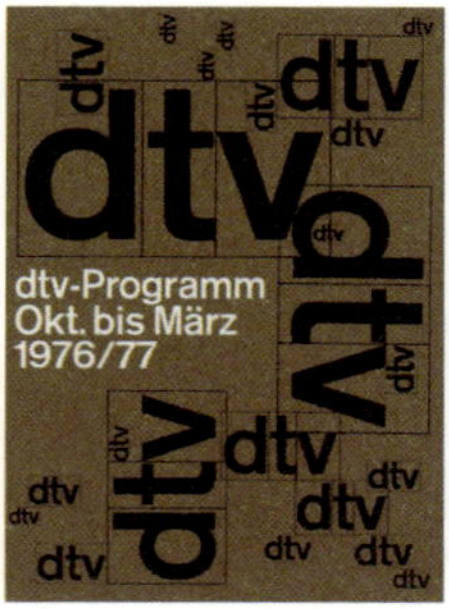

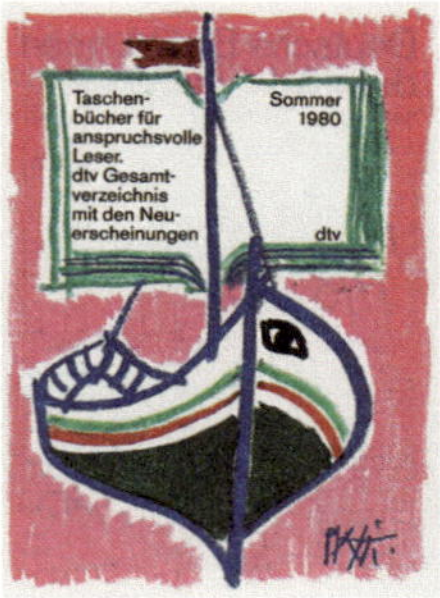

vertisement poster it carries a hint of the negative because it advertises a lot of things that people do not necessarily need. It makes a difference if a poster is advertising for a theater or a supermarket.

Posters are also said to be an indispensable advertising medium. Does this also apply to the fine arts?
I would simply think it a pity if posters were to be abandoned in this sphere. But posters are undergoing a real renaissance, especially in art. No exhibition without a poster. And these posters are not just seen, they are sold as art prints.

Are posters quicker at expressing the particular sense of the times than other art objects?
I would see that as the case in the GDR or also during the students' revolt. It is fundamentally true that posters can respond more rapidly to the so-called spirit of the times. That is certainly because other artworks need development phases. There is scarcely a means of artistic expression that finds a form of protest for political conditions as the poster. It can always slip back into the role of offering a slogan on a piece of white paper. We made protest posters after the Warsaw Pact state invaded Czechoslovakia. There was a Czech flag on the ground, and a tank running over it. Simple stenciled lettering, and there was your poster. Certainly more of a political than an art poster. But the message was clear. One possibility for protest is to go back to simple means of making posters.

Why does art need illustration?
Illustration is like a flash photograph. It has to capture a literary or artistic state of affairs at an important moment. It should make someone stop and read. In the best case, readers will start thinking about the illustration. The Deutscher Taschenbuch Verlag has many readers who get in touch with me to say something about the illustration on the cover of the book. These are spontaneous reactions. They also often confirm to me that I have read the book properly and that the cover design is in tune with the content. They would not do that if the illustration were mere decoration. It is also intended to tempt people to read the book. But this applies more to paperbacks, where the cover is also a little poster for the book. Here art needs design. As well as this, we have the bibliophile book genre. Here the illustration is a constituent part of the book.

Can literature manage without illustration?
Great literature, no doubt about it, will come through without illustration. Perhaps you could say that illustration enriches.

You have designed countless book covers. Does literature, do literary figures, owe their thanks to the illustrator?
Yes, definitely. I have noticed that many authors with dtv or other publishing houses have been pleased with the covers, whether it was Böll, Lenz, or the many others who are published here. I think that many are even convinced that the illustrations have helped their book. And more: that they did it justice. There are not a few

people who want to buy the cover illustration for the book. So I can say yes to this question with a certain delight.

You would not go so far as to see your illustrations as part of the artistic value?
I see myself in a servant function. It is also a matter of pride to a certain extent. When I see my books in a bookshop or rather books with my covers, then I wouldn't deny that I have the impression that I am part of the books. Or that I can help this book to be a success. But I would not feel like this if I had to sell a clock or a lathe with a drawing. For me, illustration in this sense is already part of art in a literary work. That is why it becomes part of the book.

Your publisher, Heinz Friedrich, defines the task of commercial graphic design like this: it contributes to maintaining or restoring the artist's communication with society…
He thought that during a phase in which artists quite consciously separated themselves from society. Art for art's sake. I think he is right in thinking that paperbacks in particular have successfully demolished some barriers. My graphic design fills in some trenches. Authors have confirmed this to me as well.

Does literature need a design?
Essentially this relates more to the face of the publishing house than to the appearance of a particular book. It is desirable that a publishing house have a uniform or recognizable design. We would not have been so successful with dtv if we had worked without this face. Others would have taken over the paperback sector long ago. But we did the catch on because the literature was given the face of the publishing house. Books cannot manage without design, either.

--
ABBILDUNGEN (S. 27/29/31/33):
dtv-Programmverzeichnisse, 1971–1982

FIGURES (pp. 27/29/31/33):
dtv-Program catalogues, 1971–1982

4

Christian Morgenstern
Palmström
09/1961

10

Eugen Roth
Ernst und heiter
[Serious and Light-hearted]
10/1961

37

Karl Kraus
Literatur und Lüge
[Literature and Lie]
03/1962

57

Alexander Spoerl
Memoiren eines
mittelmässigen Schülers
[Memoirs of an Indifferent Pupil]
07/1962

193

Saul Bellow
Der Regenkönig
[The Rain King]
04/1964

7

Karl Jaspers
Die Atombombe und die Zukunft des Menschen [The Atomic Bomb and the Future of Mankind]
09/1961

261

Carlo Schmid
Politik und Geist
[Politics and Mind]
12/1964

295

Alfred Döblin
Berlin Alexanderplatz
04/1965

360

Oreste del Buono/Umberto Eco (Hg./Ed.)
Der Fall James Bond
[The James Bond Case]
05/1966

661

Jean Améry
Jenseits von Schuld und Sühne
[Beyond Guilt and Expiation]
04/1970

1158

Aldous Huxley
Kontrapunkt des Lebens
[Point Counterpoint]
06/1976

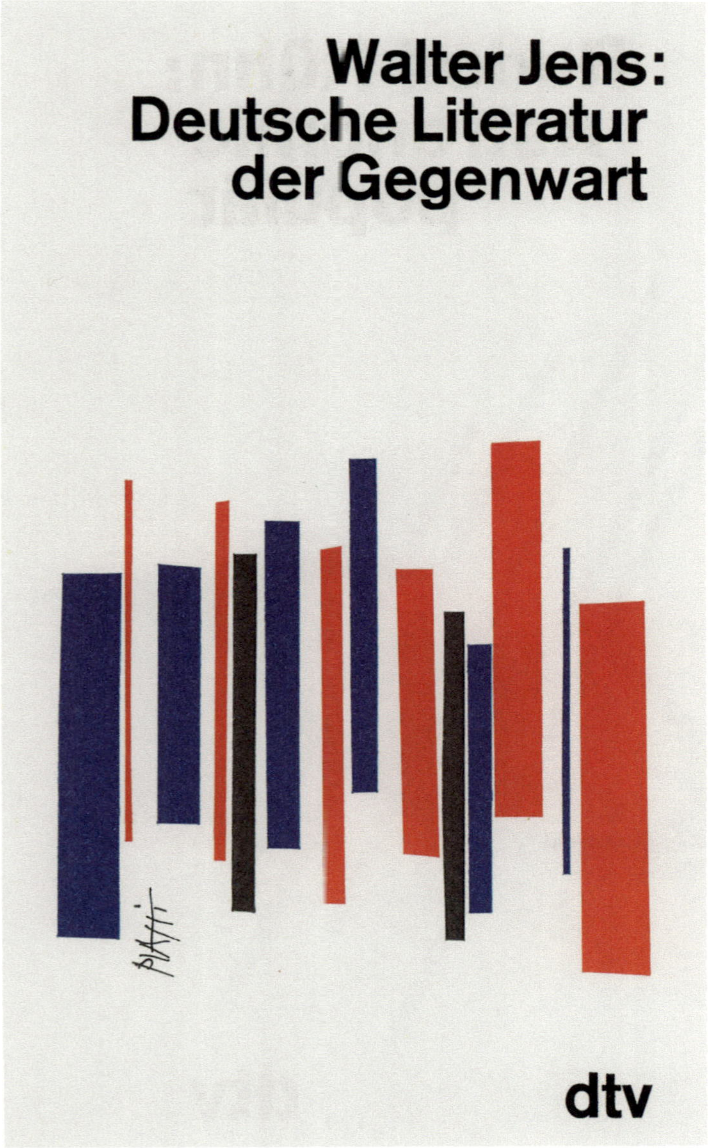

172

Walter Jens
Deutsche Literatur der Gegenwart
[Contemporary German Literature]
01/1964

189

Rudolf Kühn
Astronomie populär
[Popular Astronomy]
03/1964

302

Thomas Sartory
Fragen an die Kirche
[Questions to the Church]
07/1965

1706

Fania Fénelon
Das Mädchenorchester in Auschwitz [The Girls' Orchestra in Auschwitz]
10/1981

10210

Lew Kopelew
Tröste meine Trauer [Comfort My Mourning]
12/1983

1328

Wolfgang Kraus
Kultur und Macht
[Culture and Power]
01/1978

580

A. E. Hotchner
Papa Hemingway
09/1969

1125

Jerome Ch'en
Mao Papers
12/1975

1133

Herbert Ehrenberg
Zwischen Marx und Markt
[Between Marx and Market]
01/1976

1151

Gotto/Maier/Morsey/Schwarz
Konrad Adenauer
12/1975

377

Heimito von Doderer
Die Strudlhofstiege
[The Strudlhof Steps]
09/1966

1610

Thomas Bernhard
Der Atem
[Breath]
01/1981

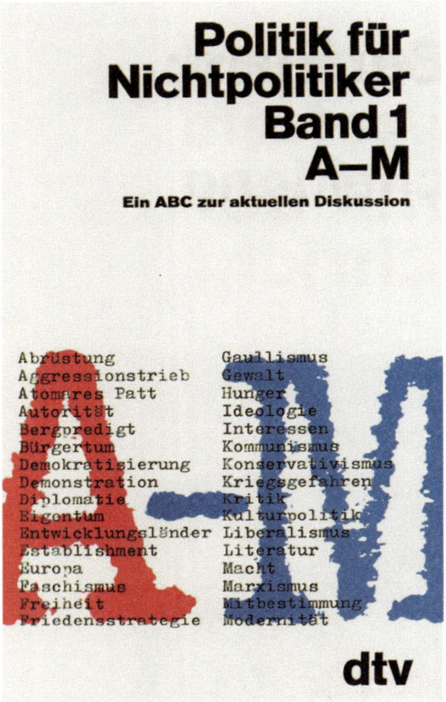

867

Hans Jürgen Schultz (Hg./Ed.)
Politik für Nichtpolitiker, Band 1
[Politics for the Apolitical, Vol. 1]

12/1972

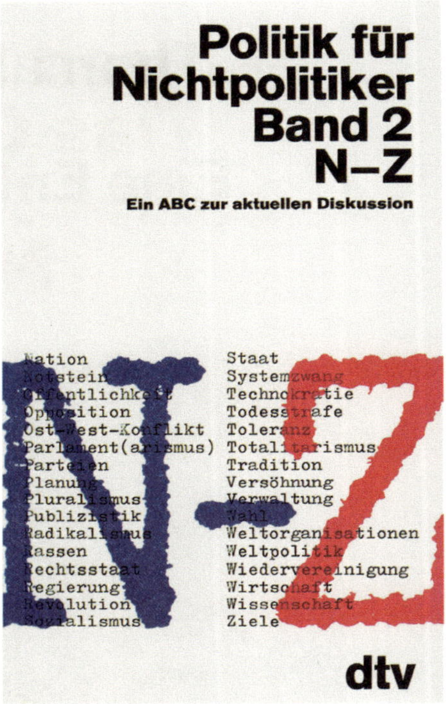

868

Hans Jürgen Schultz (Hg./Ed.)
Politik für Nichtpolitiker, Band 2
[Politics for the Apolitical, Vol. 2]

12/1972

779

Manfred Steffens
Das Geschäft mit der Nachricht
[Business with News]
08/1971

343

Heinz-Dietrich Fischer
Die grossen Zeitungen
[The Great Newspapers]
02/1966

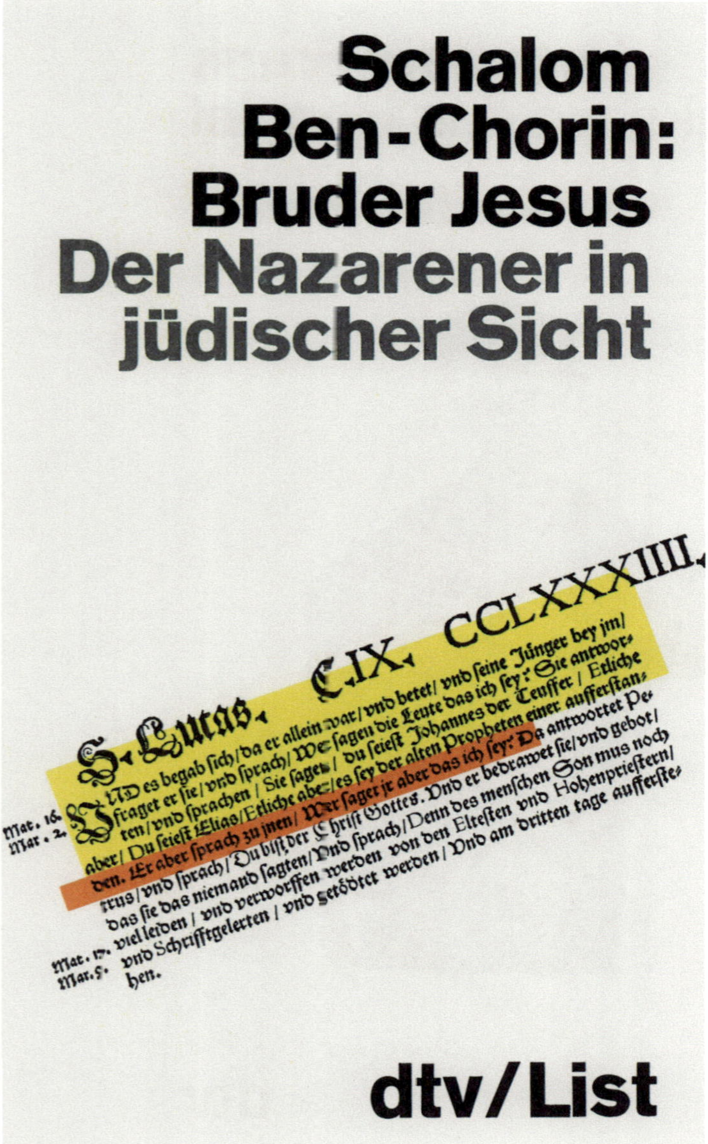

1253

Shalom Ben-Chorin
Bruder Jesus
[Brother Jesus]
03/1977

137

Leonhard Frank
Links wo das Herz ist
[Left Where the Heart Is]
08/1963

316

Klaus Mann
Alexander
09/1965

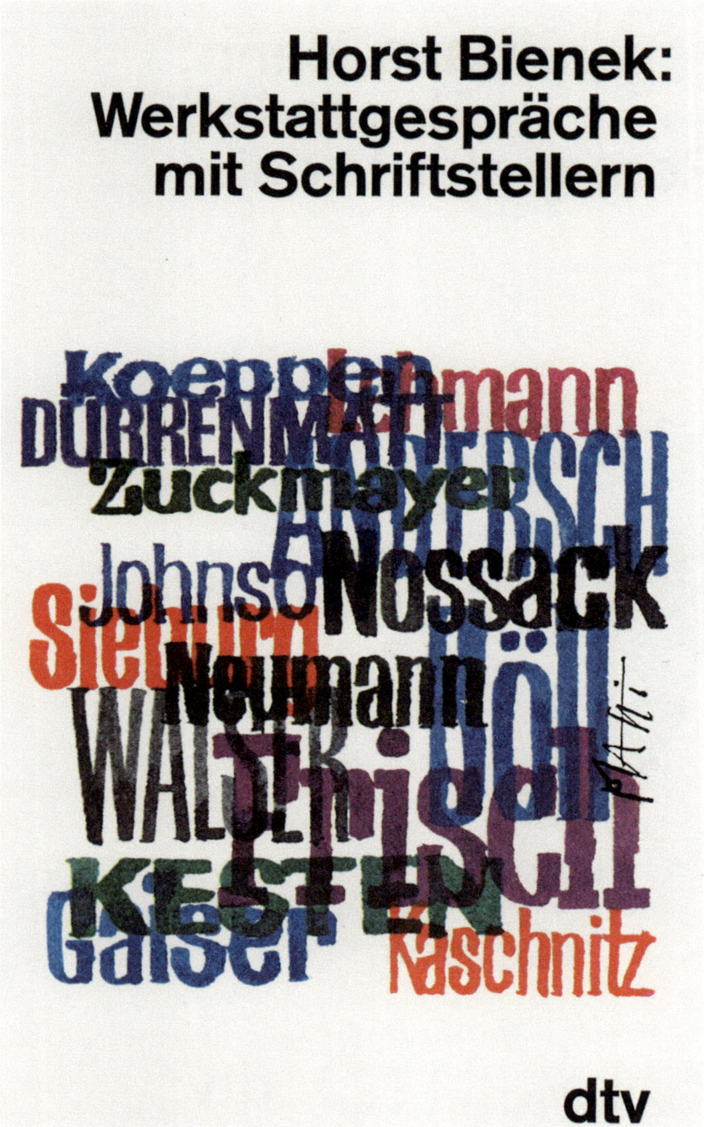

291

Horst Bienek
Werkstattgespräche mit Schriftstellern
[Workshop Conversations with Writers]

04/1965

1209/1287/1385/1478

Ensemble 7-10

1976–1979

304

André Gide
Stirb und werde
[Die and Become]
07/1965

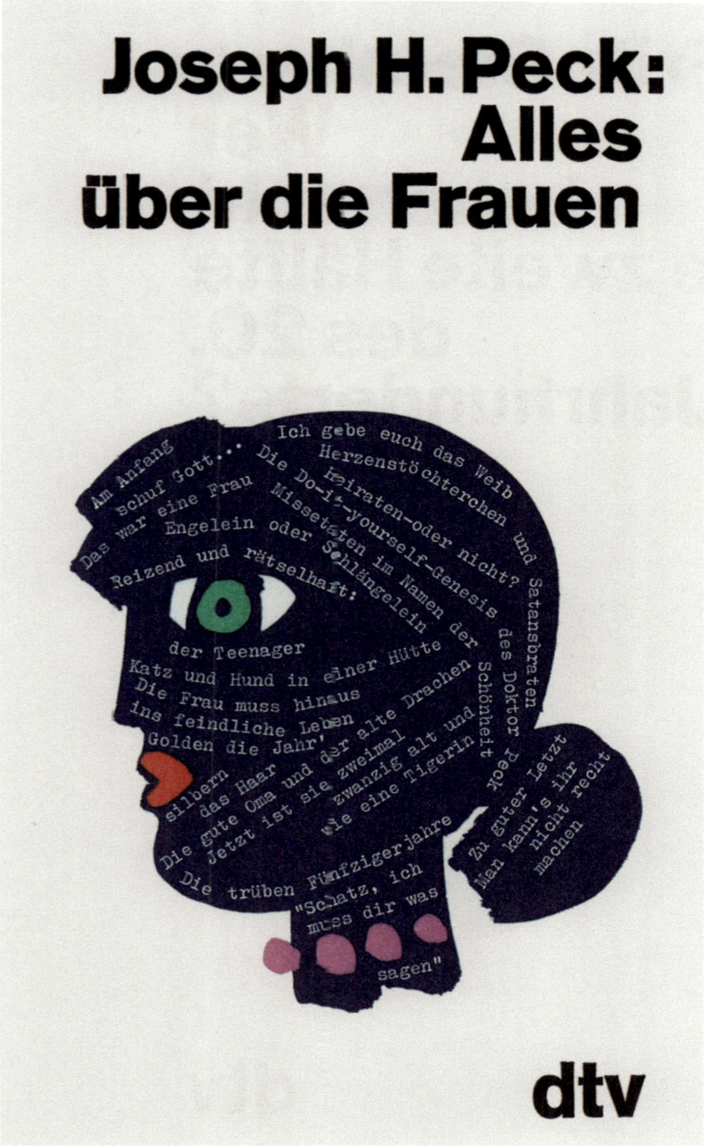

366

Joseph H. Peck
Alles über die Frauen
[Everything About Women]
06/1966

168

Fritz Sternberg
Wer beherrscht die zweite Hälfte des 20. Jahrhunderts? [Who Will Dominate the Second Half of the 20th Century?]
12/1963

298

Frank Arnau
Das Auge des Gesetzes
[The Eye of the Law]
05/1965

226

Walter Nigg
Vier große Heilige [Four Great Saints]
08/1964

370

Lothar Schmidt (Hg./Ed.)
Hochverrat ist eine Frage des Datums [High Treason is a Question of the Date]
07/1966

179

Gilbert K. Chesterton
Der Hammer Gottes
[The Hammer of God]
02/1964

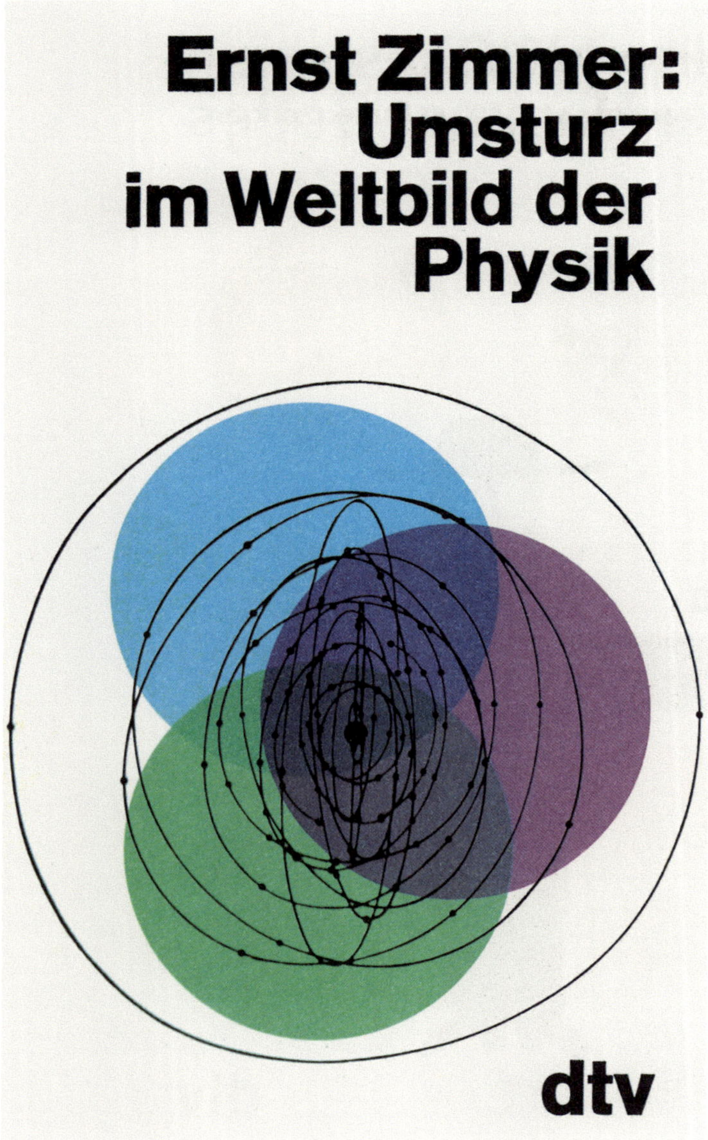

220/221

Ernst Zimmer
Umsturz im Weltbild der Physik
[Coup in the World of Physics]
09/1964

822/1161/1190/1386

Augenzeugenberichte
[Eyewitness Accounts]

1972–1978

210/211

Sanche de Gramont
Der geheime Krieg
[The Secret War]
04/1964

1315

Anne Morrow Lindbergh
Verschlossene Räume, offene Türen
[Closed Rooms, Open Doors]
12/1977

1153

Heinrich Böll
Schwierigkeiten mit der Brüderlichkeit
[Difficulties with Fraternity]
04/1976

10602–10605

Heinrich Böll

Schriften und Reden

[Essays and Speeches]

10/1985

1562

Horst Krüger
Ostwest-Passagen
[East-West Passages]
08/1980

10899

Carl Friedrich von Weizsäcker
Aufbau der Physik
[Structure of Physics]
05/1988

224

Gus
Ein Franzose in New York
[A Frenchman in New York]
08/1964

560

Peter Paul Althaus
In der Traumstadt
[In the City of Dreams]
03/1969

778

Lutz-W. Wolff (Hg./Ed.)
Fahrt mit der S-Bahn
[Journey by S-Bahn]
08/1971

123

Carlo Manzoni
Der Finger im Revolverlauf
[The Finger in the Revolver Barrel]
05/1963

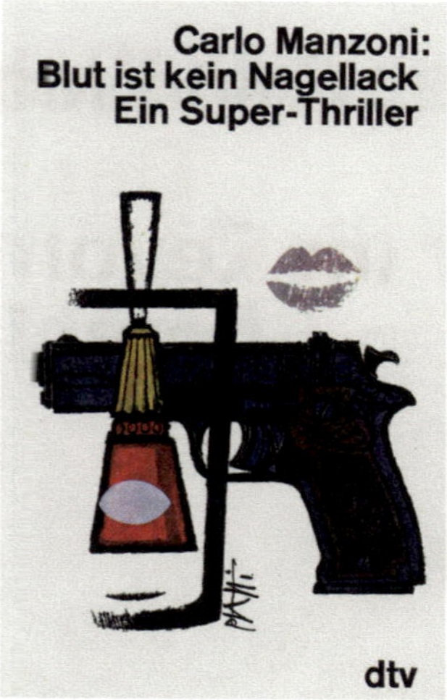

268/433/699/737

Carlo Manzoni

1965–1971

1621

Gabriele Wohmann
Sieg über die Dämmerung
[Victory over the Twilight]
02/1981

1658

Hans Breuer

entdeckt erforscht entwickelt

[discovered explored developed]

05/1981

197

Maximilian Schubart
Das Tabu der Gehälter
[The Salary Taboo]
04/1964

333

Herbert Maas
Wörter erzählen Geschichten
[Words Tell Tales]

12/1965

738

Johannes Gross
Die Deutschen
[The Germans]
02/1971

785

Karl Steinbuch
Programm 2000
[Program 2000]
10/1971

Ein Gespräch mit Fritz Peter Steinle
von Jens Müller

München, 2008

Sie waren bis zum Herbst 2008 als Herstellungsleiter beim Deutschen Taschenbuch Verlag tätig. Wie genau sieht die Tätigkeit des Herstellungsleiters aus?
Speziell hier im Deutschen Taschenbuch Verlag ist der Herstellungsleiter derjenige, der die ganzen Abläufe organisiert. Er ist einerseits dafür verantwortlich, dass die gesamten grafischen Grundregeln, die für den Verlag aufgestellt worden sind, eingehalten werden, und natürlich dafür, dass die Neuerscheinungen und Nachdrucke, die jeden Monat erscheinen – im dtv manchmal bis zu fünfzig Neuerscheinungen und bis zu hundert Nachdrucke – zeitgerecht und richtig abgeliefert werden. Der Herstellungsleiter ist hauptsächlich für die Produktion und Qualitätsüberwachung im Hause zuständig. Ich habe zum Beispiel eine rein kaufmännische Ausbildung, teilweise sind Herstellungsleiter aber auch ehemalige Setzer oder ehemalige Auftragsbearbeiter aus Druckereien, die dann in einen Verlag gewechselt sind. Man gestaltet natürlich auch gerne selber, es ist aber nicht die Hauptaufgabe. Gerade in einem Verlag wie dem unseren, wo viele Bücher gleichzeitig bearbeitet werden müssen, ist es überwiegend eine Arbeit der Organisation und nicht der Gestaltung.

Lassen Sie uns über Celestino Piatti sprechen, der dreissig Jahre lang den dtv grafisch geprägt hat. Wie kam es zur Zusammenarbeit?
Dr. Bruno Mariacher, der Verleger des Artemis Verlages in der Schweiz, hat Celestino Piatti 1961 als grafischen Gestalter für die neue Taschenbuchreihe im Deutschen Taschenbuch Verlag vorgeschlagen. Es gab damals schon eine ganze Reihe von etablierten Taschenbuchverlagen – Rowohlt, Fischer, Ullstein, Heyne, Goldmann –, der dtv musste also ein ganz besonderes Erscheinungsbild darbieten, um sich von der Menge der üblichen Taschenbücher auf dem Markt abzuheben. Da war eben Piattis Grundidee, die weissen Taschenbücher mit einer sehr nüchternen Schrift – der Akzidenz Grotesk – rechtsbündig auf dem Umschlag und einer ursprünglich kleinen Originalgrafik. Das war sein Grundkonzept, das er damals vorgeschlagen hat, das von den Gesellschaftern so akzeptiert worden ist und umgesetzt wurde. Man darf ja nicht vergessen, dass es damals die Zeit der interlübke-Möbel war. Die weissen Schweden-Möbel kamen nach Deutschland, der Gelsenkirchener Barock wurde abgelöst von sehr nüchternen, sehr klaren Formen. In diese Zeitströmung haben die weissen Taschenbücher natürlich hervorragend reingepasst.

Wie lief die Zusammenarbeit mit Piatti ab?
Es ging eigentlich immer sehr problemlos. Piatti kam zweimal im Jahr für zwei oder drei Tage aus Basel nach München. Die ganzen Lektorate im Haus haben sich darauf vorbereitet und ihm Inhaltsangaben von den Büchern geliefert, haben ihm unter Umständen Vorschläge und Ideen für die Umschläge mitgeteilt, ihm auch teilweise Material wie Fotos oder sonstige Vorlagen geliefert. Die Umschläge, die Verkaufserwartungen, die Zielgruppen und so weiter wurden dann direkt im Haus diskutiert. Diese Umschlagbesprechung war immer recht ausführlich, es war immer ein Halbjahresprogramm, das durchgesprochen wurde. Mit diesen ganzen Unterlagen ging Piatti

wieder zurück in die Schweiz, und er hat dann in einem Zeitraum von etwa acht Wochen die Umschläge gemacht. Die Entwürfe wurden von ihm grundsätzlich im Format 1:1 angelegt. Taschenbücher waren damals noch 10,8 x 18 cm gross, was inzwischen das kleine Format für Taschenbücher ist, da die Bücher heute alle grösser sind. In der Regel bin ich dann nach Basel gefahren und habe mit ihm alle fertigen Umschläge besprochen und mir von ihm seine Instruktionen geholt. Teilweise habe ich auch Fehlinterpretationen gleich korrigiert. Ich bin mit den Umschlägen dann zurückgekommen, und es wurde hier im Haus noch einmal alles besprochen. Umschläge, die dann aus irgendwelchen Gründen nicht akzeptiert worden sind – das kam auch manchmal vor –, wurden dann mit ihm wieder besprochen, und er hat sie noch einmal angefertigt. Aber in der Regel gingen die Umschläge, die er gemacht hat, durch. In den ersten Jahren hat er keine Halbjahresprogramme gemacht, da hat er wirklich Monat für Monat Umschläge abgeliefert, was bei uns dazu geführt hat, dass die Bücher schon fertig waren, wir aber noch keinen Umschlag dafür hatten. Das wurde dann wegen einer längeren Reise von Herrn Piatti nach Australien umgestellt und beibehalten, und dann war diese Problematik nicht mehr so vorhanden. Der Künstler arbeitet eben dann am besten, wenn er Druck hat. Wenn ich nach Basel kam, um die Bilder zu holen, war allerdings sehr oft ein ganz grosser Anteil der Arbeiten noch nicht fertig. Es war wirklich so, dass man sie äusserst vorsichtig behandeln musste, weil sie noch so frisch waren. Er hat also bis zum letzten Moment dran gearbeitet und acht Wochen intensive Arbeit darauf verwendet, um die Umschlagbilder herzustellen.

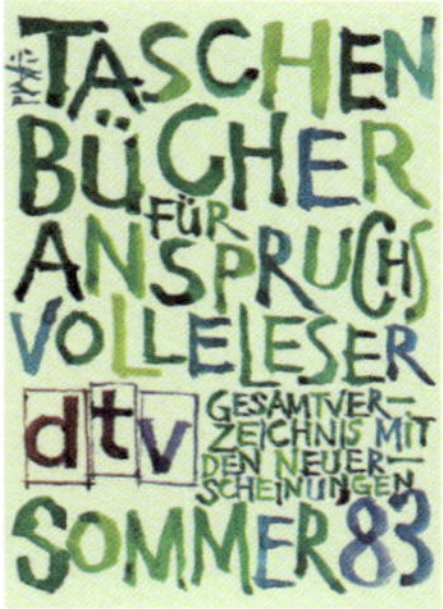

Hat Piatti nur die Umschlagillustration geliefert oder das fertig gesetzte Layout inklusive Typografie?
Zunächst hat er Typografie und Bild gemacht. Später habe ich dann die Texte für die Umschlagvorderseiten setzen lassen und ihm Abzüge geliefert, die er als Grundlagen für seine grafischen Lösungen genommen hat, die waren ganz lange noch in Blei auf Karton gedruckt. Da hat er drauf bestanden. Bloss als wir irgendwann die Materialien nicht mehr hatten, die Buchstaben abgequetscht waren, die Abzugsmaschinen nicht mehr ordentlich bedient werden konnten, sind wir zum Lichtsatz übergegangen. Die Typografie wurde von ihm sehr genau korrigiert, um von der Optik dem zu entsprechen, wie er sich die Schrift vorstellte.

Es kursiert die Zahl von 6300 Umschlägen, die Piatti für den dtv gestaltet haben soll…
Das ist eine Zahl, die einmal genannt worden ist. Ich kann sie nicht verifizieren. Ich sage auch immer, zirka sechstausend Umschläge. Ursprünglich hatten alle literarischen Umschläge eine Originalgrafik von ihm auf dem weissen Untergrund. Dann kam sehr schnell eine Reihe «dtv Dokumente», das waren zum Beispiel Themen wie «Prozess Jeanne d'Arc» oder «Auschwitz», die mit Dokumenten belegt wurden, und da gab es auf dem Umschlag ein Illustrationsband, meistens mit Fotografien oder irgendwelchen zeitgenössischen Darstellungen, die wurden von ihm «nur» gelayoutet. Dann kamen die Sachbücher – genau das gleiche Prinzip mit Fotos –, und die Bände

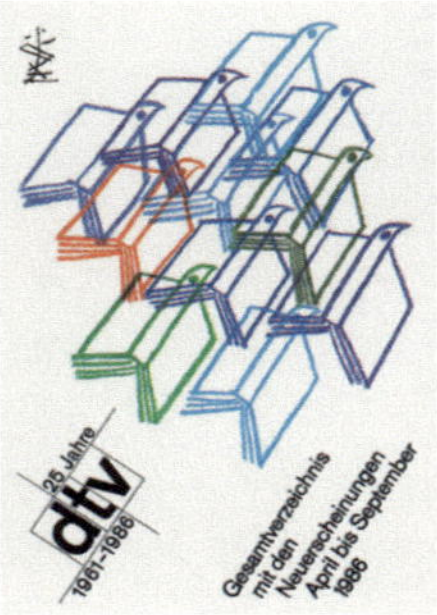

der wissenschaftlichen Reihe waren fast alle nur reine Textlösungen die auch hier im Haus gemacht wurden, aber die natürlich immer das Markenzeichen «Umschlaggestaltung: Celestino Piatti» hatten. Insofern kann man das nicht so hundertprozentig festlegen. 6300, das dürfte die Anzahl der Titel sein, die produziert worden sind bis zu dem Zeitpunkt, als Piatti nicht mehr die Umschläge gestaltet hat.

Gab es denn bei der Gestaltung der Umschläge eine Einmischung der Autoren? Es handelte sich meist um Neuauflagen bereits veröffentlichter Bücher in Taschenbuchform…
Das ist eben genau der Grund, weshalb sich die Autoren meistens nicht eingemischt haben. Denn ursprünglich sind im Deutschen Taschenbuch Verlag nur Lizenzausgaben erschienen, also Taschenbuchausgaben von Büchern, die bereits als Hardcover erfolgreich waren. Da war das Interesse der Autoren nicht so gross. Ich weiss eigentlich von kaum einem Fall, wo sich ein Autor mal in die Gestaltung der Umschläge eingemischt hat. Das ist jetzt anders, seit der Anteil der Originalausgaben erheblich höher geworden ist und die Umschläge nicht mehr von Piatti gemacht werden, sondern hier im Haus in einer Grafikabteilung. Da kommen öfter solche Einflüsse, aber zu Piattis Zeiten praktisch nicht.

Wann endete die Zusammenarbeit?
Das lief dann zunächst einmal langsam aus, so ab 1990 ist der Verlag in andere Bereiche gegangen, hat sich mehr der Unterhaltung gewidmet. Dann sind einzelne Umschläge nicht mehr von ihm gestaltet worden. Ab 1996 hat Wolfgang Balk, der jetzige Verleger, das Erscheinungsbild des Verlags komplett umgestellt. Piatti war damals ja auch schon nicht mehr der Jüngste und hat dann keine Umschläge mehr für uns gemacht.

Aus welchem Grund wurde das Erscheinungsbild umgestellt?
Das Problem war, dass die Optik der Bücher, die sehr nüchtern und sehr, sehr intellektuell war, im Massenmarkt bei den Kaufhausanbietern und den grossen Buchkaufhäusern nicht mehr erfolgreich war. Die Bücher wirkten einfach zu distanziert. Sie konnten selbst einen Krimi auf diese Art und Weise nicht mehr attraktiv machen. Das war eigentlich der Hauptgrund.

--

ABBILDUNGEN (S. 87):
dtv-Programmverzeichnisse, 1983–1986

FIGURES (p. 87):
dtv-Program catalogues, 1983–1986

571

Horst Mönnich
Einreisegenehmigung
[Entry Permit]
04/1969

1157

Vladimir Neff
Die Wetterfahne
[The Weathercock]
04/1976

1173

Marcel Proust
Combray
06/1976

833

Daniel Keyes
Charly
07/1972

836

Fritz Graßhoff
Graßhoffs unverblümtes Lieder- und Lästerbuch [Graßhoff's Book of Outspoken Songs and Blasphemy]
08/1972

1194

Klaus Völker (Hg./Ed.)
Künstliche Menschen
[Artificial People]
09/1976

510

Ruth Harrison
Tiermaschinen
[Animal Machines]
09/1968

570

Wolfgang Kraus
Der fünfte Stand
[The Fifth Estate]
04/1969

A Conversation with Fritz Peter Steinle

by Jens Müller

Munich, 2008

Until autumn 2008 you worked as director of production for Deutscher Taschenbuch Verlag. How exactly do you see a production director's work?

Here at the Deutscher Taschenbuch Verlag in particular the production director is the person who organizes the whole sequence of events. On the one hand, he is responsible for ensuring that all the basic graphic rules that have been laid down for the press are followed, and of course also for guaranteeing that the new publications and reprints that appear each month—in the case of dtv sometimes up to fifty new publications and up to a hundred reprints—are delivered on time and correctly. The production director is mainly responsible for production and quality control at the press. For example, my training is exclusively in business, but some production directors are former typesetters or former order processors from printing firms who have then moved to a publishing house. Of course we all like designing ourselves, but that is not our principal role. In a publisher like ours in particular, where large numbers of books have to be worked on at the same time, the work consists largely of organization rather than design.

Let's talk about Celestino Piatti, who created dtv's graphic image for thirty years. How did you come to work together?

Dr. Bruno Mariacher, the publisher at the Swiss Artemis Verlag, proposed Celestino Piatti as the graphic designer for the new paperback series in the Deutscher Taschenbuch Verlag in 1961. There was already a whole series of established paperback publishers at the time—Rowohlt, Fischer, Ullstein, Heyne, Goldmann—so dtv had to offer a very special image in order to stand out against the mass of the usual paperbacks on the market. So then came Piatti's basic idea of white paperbacks with a very austere typeface—Akzidenz Grotesk—justified to the right on the cover, with an original graphic that was very small in the first place. That was the basic concept he proposed at the time; it was accepted by the partners in that form and implemented. We mustn't forget that this was the age of interlübke furniture. This white Swedish furniture arrived in Germany, and Gelsenkirchen Baroque made way for austere, very lucid forms. Of course white paperbacks fitted in very well with this prevailing trend.

What was working with Piatti like?

In fact it always went very smoothly. Piatti came from Basel to Munich twice a year for two or three days. All the editorial departments in the company prepared for this by preparing lists of the books' contents, and sometimes made suggestions and gave him ideas for the covers, and might also provide him with material such as photographs or other source material. The covers, the expected sales, the target groups, and so on were then discussed in-house. These cover discussions were always very detailed, the program we were talking about covered six months. Then Piatti went back to Switzerland with all this material, and created the covers within a period of about eight weeks. He always drafted the covers in a 1:1 format. At that time, paperbacks still measured 10.8 x 18 cm, which is now the small paperback format, as books are all larger today. Usually I then went to Basel and discussed all the completed covers with him, and noted his instructions. Sometimes I corrected misinterpretations there and then. After that I came back with the covers, and everything was talked over again in-house here. Covers that were not accepted for some reason—that did sometimes happen—were then discussed with him again and he submitted them again. But as a rule the covers he had created went through. In the early years he didn't work on a six-month basis, he really did deliver the covers month by month, which meant that we had books ready with no cover for them. Then an adjustment was made because Mr. Piatti went to Australia for an extended period, and then made permanent, as it got rid of that particular problem. Artists always work best under pressure. Though often when I came to Basel to get the pictures, quite a large proportion of the work was not ready. You really had to handle some items very carefully because they were still not quite dry. So he had been working on them to the last moment, and spent eight weeks of intensive work on creating the cover pictures.

Did Piatti only supply the cover illustrations, or the complete layout including typography?
At first he did the typography and the image. Later I started setting the texts for the front covers and sending him prints, which he used as a basis for his graphic solutions, which for a long time were printed by lead on card. He insisted on that. We didn't go over to photosetting until we ran out of materials at some time or another, letters were squashed, and the print machines weren't working properly any longer. He corrected the typography very precisely to correspond with the visual impression he had in mind for the typeface.

The figure of 6,300 covers that Piatti is supposed to have designed for dtv is bandied about…
That is a figure that was once mentioned. I can't vouch for it. I always say about six thousand covers. Originally all the literary covers had an original graphic by him on a white ground. Then a series of dtv dokumente came along, with subjects such as the trial of Joan of Arc or Auschwitz treated through documents. These had a illustration strip on the cover, usually consisting of photographs or some form of contemporary image, and he "only" did the layout for these. Then came the nonfiction books—exactly the same principle with photographs—and the volumes in the scientific series almost all had solutions using text only; these were made in-house as well, but they also carried the trademark "Cover design: Celestino Piatti." So in that sense it's not possible to fix the figure absolutely precisely. 6,300 must be the number of titles produced to the point when Piatti stopped designing the covers.

Were the authors involved in designing the covers? Most of the books were new editions in paperback form of books that were already in print…
That is precisely why the authors were not usually involved. Originally the Deutscher Taschenbuch Verlag produced only licensed editions, in other words paperback editions of books that had already been

Das dtv-Winterprogramm Oktober 1990 – März 1991

successful in hardback. So the authors were not so interested. I actually can't think of a single case where an author intervened in the cover design. Things are different now that there are considerably more original editions and the covers are no longer designed by Piatti, but by our in-house graphic design department. Influence like that happens more frequently there, but not in Piatti's day.

When did he stop working for you?
It faded out quite slowly at first: from 1990 the press moved into other spheres, and devoted itself more to lighter literature. Then he did not design some covers. From 1996 Wofgang Ball, the present publisher, completely changed the press's image. Piatti was no longer a young man by then, and produced no more covers for us.

Why was the image changed?
The problem was that the visual impression the books gave, very austere and very, very intellectual, didn't work any more in department stores and the large dedicated bookstores. The books just seemed too aloof. It wasn't possible to make even thrillers look attractive this way. That was actually the main reason.

--
ABBILDUNGEN (S. 97):
dtv-Programmverzeichnisse, 1987–1991

FIGURES (P. 97):
dtv-Program catalogues, 1987–1991

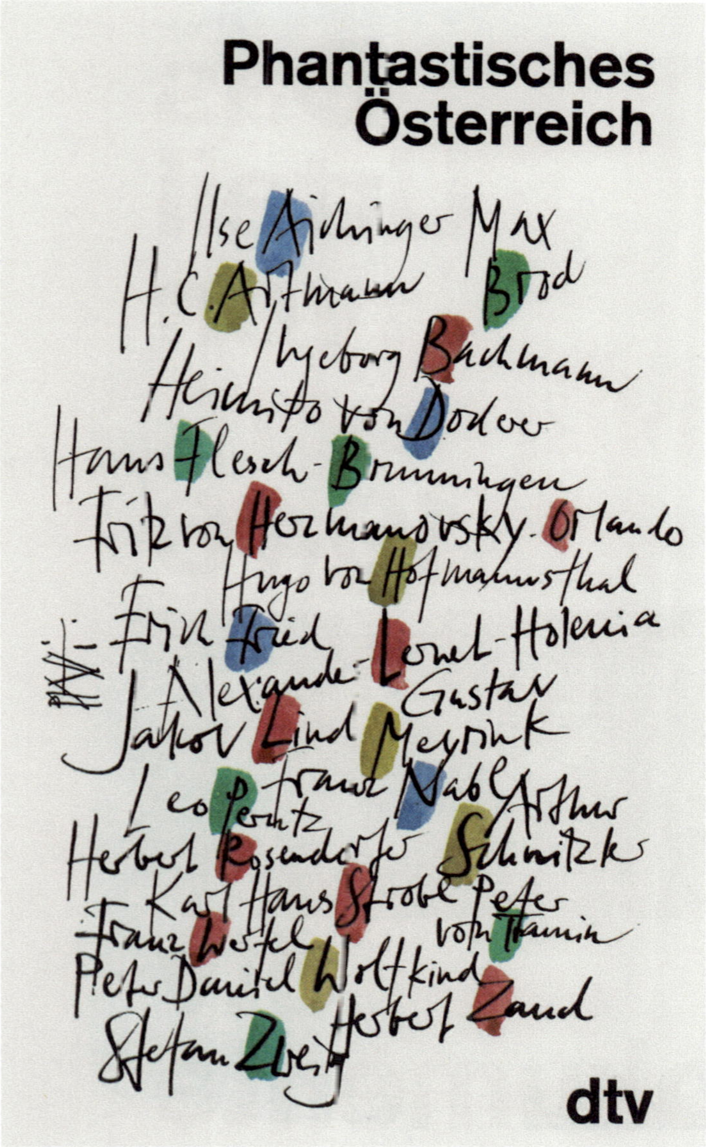

1503

Jean Gyory (Hg./Ed.)
Phantastisches Österreich
[Fantastic Austria]
01/1980

8

Herbert Kraus (Hg./Ed.)
Das Urteil von Nürnberg
[The Judgement of Nuremberg]
09/1961

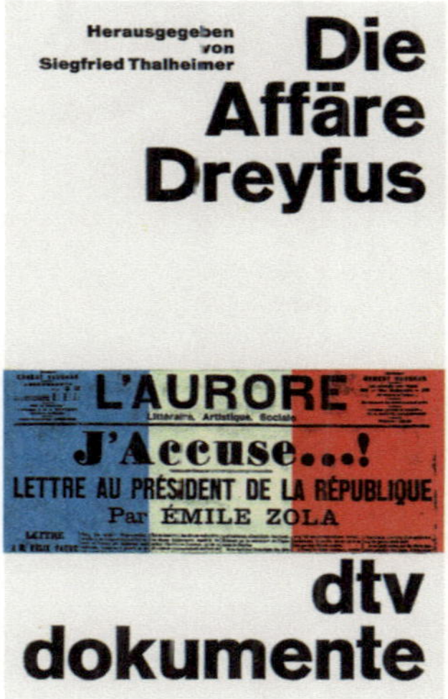

8[illegible]/106/112/134

dtv dokumente
[dtv documents]

1962–1963

63

Herbert Rittlinger
Das baldverlorene Paradies
[The Soon-To-Be-Lost Paradise]
07/1962

50

Paul Eipper
Tiere sehen dich an
[Animals Look at You]
05/1962

101

Theo Löbsack
Der Atem der Erde
[The Breath of the Earth]
01/1963

540

Hans Stercken (Hg./Ed.)
Vive la France – Vive l'Europe!
04/1969

554/579/585/606

dtv-report
[dtv report]

1968–1969

718

Andrew Sinclair
Che Guevara
11/1970

770

John Lyons
Noam Chomsky
07/1971

1185

Erich Heller
Franz Kafka
11/1976

5311

Heinrich Böll
Hierzulande
[Over Here]
01/1963

5314/5320/5333/5348

sonderreihe dtv
[dtv special series]

1963–1978

5301

Else Lasker-Schüler
Helles Schlafen – dunkles Wachen
[Light Sleeping – Dark Awakening]
04/1962

5318/5324/5329/5344

sonderreihe dtv
[dtv special series]
1953–1965

5007

StGB · Strafgesetzbuch
[Penal Code]

02/1965

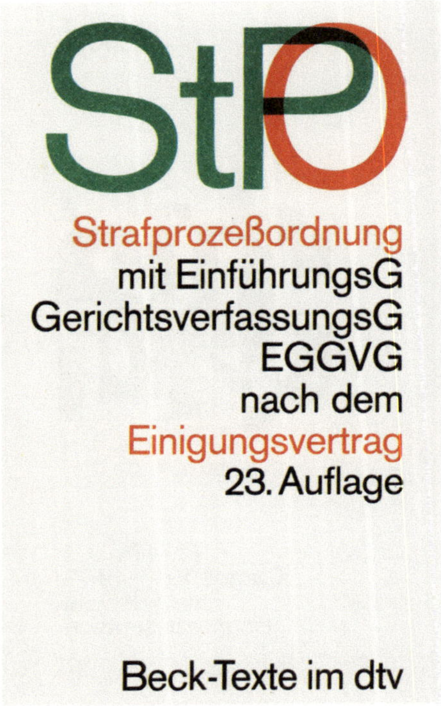

5011

StPO · Strafprozeßordnung
[Code of Criminal Procedure]

02/1965

5003

GG · Grundgesetz
[Basic Law]

09/1964

6306

H. C. Artmann
Die Jagd nach Dr. U.
[The Hunt for Doctor U]
05/1980

6309/6311/6327/6333

dtv neue reihe
[dtv new series]

1980–1982

7116

Alec John Dawson
Finn, der Wolfshund
[Finn the German Shepherd]
01/1974

7117

Dick Laan
Pünkelchen und seine Freunde
[Pünkelchen and His Friends]
02/1974

7119

Robert Silverberg
Paläste unterm Wüstensand
[Palace under the Desert Sand]

02/1974

1873

Jörg Weigand (Hg./Ed.)
Vorgriff auf morgen
[Anticipating Tomorrow]
04/1981

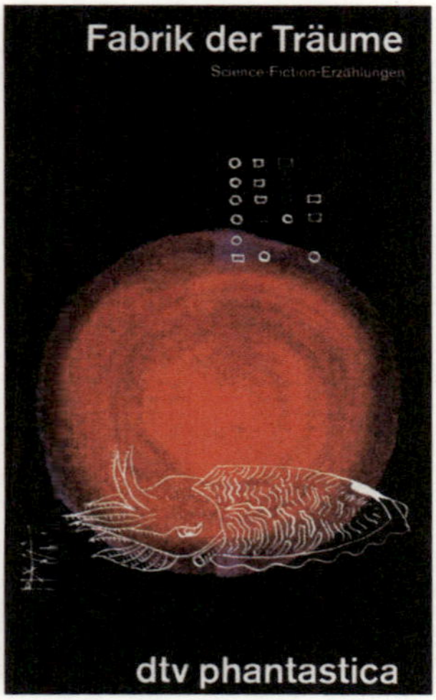

1856/1857/1880/1881

dtv phantasica

1979–1982

4050/4051/4053/4054

Wissenschaftliche Reihe
[Scientific series]

1970

3007/3011/3017/3020

dtv-Atlas
[dtv atlas]

1974–1981

2008/2013/2025/2026

dtv Dünndruck-Ausgabe
[dtv India paper edition]

1976–1977

2500/2501/2502/2504

dtv-großdruck
[dtv large print]

1977

Biografie/ Biography

1925
Geboren am 5. Januar in Wangen bei Zürich.

1937
Besuch der allgemeinen Klasse der Kunstgewerbeschule Zürich.

1938
Grafikerlehre in der Offizin Gebrüder Fretz AG, Zürich (bis 1942).

1944
Grafiker im Atelier F. Bühler, Basel (bis 1947).

1946
Heirat der Grafikerin Marianne Sticker; im folgenden Jahr Geburt der Tochter Sabine.

Ab 1948
Eigenes Atelier in Riehen bei Basel. Gestaltung unzähliger Arbeiten in allen Bereichen der Gebrauchsgrafik. Zahlreiche Plakate für Auftraggeber aus dem In- und Ausland. Erste Auszeichnungen für Plakate.

1952
Geburt des Sohns Michael. Entwurf von Wetterhähnen für die Basler Kirchtürme.

1956
Zusammenarbeit mit der Firma Martin Brinkmann, Hamburg für Zigarettenplakate und Anzeigen.

Ab 1959
Veröffentlichung zahlreicher Bilderbücher. Mehrfache Auszeichnungen beim Wettbewerb Die schönsten Bücher des Jahres. Entwurf von Briefmarken, Wandbildern und Plastiken.

1961
Zusammenarbeit mit dem Deutschen Taschenbuch Verlag, München (bis Mitte der 1990er-Jahre). Geburt des Sohns Titus.

1962
Erste Lithografien, Holz- und Linolschnitte. Eigenes Atelier in Paris. Erste Ausstellungen freier Arbeiten in der Galerie Katakombe, Basel.

1963
Veröffentlichung des Bilderbuchs *Eulenglück*.

1964
Erste Gesamtausstellung in der Kunstbibliothek – Staatliche Museen zu Berlin.

1965
Veröffentlichung des Bilderbuchs *ABC der Tiere*.

1966
Atelier in der St.-Johanns-Vorstadt, Basel. Auszeichnung mit dem Goldenen Pinsel vom Bund Grafischer Gestalter der Schweiz für die Gesamtausstattung des dtv. Ausstellung der Arbeiten für den dtv in der Fehr'schen Buchhandlung, St. Gallen. Einzelausstellung im Focke-Museum, Bremen.

1967
Gestaltung des Schweizer Pavillons für die Weltausstellung in Montreal.

1968
Dreimonatiger Aufenthalt in Australien. Ausstellungen in der Gallery A, Melbourne und Sydney. Entwurf erster politischer und sozialkritischer Titelbilder für die Zeitschrift *Nebelspalter*. Aufnahme in die Eidgenössische Kunst-Kommission für angewandte Kunst (bis 1976). Verschiebung des Fokus von der Konsumgüterwerbung zu kulturell, sozial und politisch orientierten Aufträgen.

1969
Heirat der Journalistin Ursula Huber. Einzelausstellungen in Frankfurt am Main und Zürich.

1970
Auszeichnung mit der Goldenen Feder *der* Plakanda. Gestaltung des Beton-Glasbilds *Engel in Kreuzform* für den Friedhof Neuwies, Volketswil.

1973
Geburt der Tochter Barbara. Arbeiten für den Deutschen Caritasverband (bis 2003).

Ab 1974
Wohnsitz und zweites Atelier in Duggingen, südlich von Basel.

1979
Geburt der Tochter Celestina.

1982
Umfangreiche Einzelausstellung im Stadtmuseum München. Anlässlich seines 60. Geburtstags Verleihung des Goldenen Taschenbuchs und Stiftung des Piatti-Preises für Verlagsgrafik durch den dtv.

1985
Auszeichnung mit dem Preis des Schweizer Buchhandels.

1986
Ausstellung *Celestino Piatti – 30 Jahre Buchgestaltung* in der Zentralbibliothek Zürich.

1989
Auftrag durch die Schweizer Post PTT für die Gestaltung einer Briefmarkenserie zum Thema *Tiere in Haus und Hof*, die Mitte der 1990er-Jahre erscheint.

Ab 1990
Gestaltung von Zifferblättern für Künstleruhren.

1991
Entwurf der Eisenplastiken *Lebensbaum* und *Athleten* für die Fadacher-Schulanlage in Dietlikon.

2007
Gestorben am 17. Dezember in Duggingen bei Basel.

1925
Born on January 5 in Wangen near Zurich.

1937
Attended the general course at the Kunstgewerbeschule in Zurich.

1938
Apprenticeship as a graphic artist in the Offizin Gebrüder Fretz AG, Zurich (until 1942).

1944
Graphic artist in the Atelier F. Bühler, Basel (until 1947).

1946
Married graphic artist Marianne Sticker; daughter Sabine born in the following year.

From 1948
Own studio in Riehen near Basel. Designed countless pieces in all spheres of commercial art. Many posters for clients at home and abroad. First awards for posters.

1952
Son Michael born. Designed weathercocks for church towers in Basel.

1956
Worked with Martin Brinkmann and Co. in Hamburg on cigarette posters and advertisements.

From 1959
Published a large number of picture books. Frequent awards in the Die schönsten Bücher des Jahres competition. Designed stamps, murals, and sculptures.

1961
Worked with the Deutscher Taschenbuch Verlag, Munich (until the mid-1990s). Son Titus born.

1962
First lithographs, wood- and linocuts. Own studio in Paris. First exhibition of fine art work in the Galerie Katakombe, Basel.

1963
Publication of the *Eulenglück* [*Happy Owls*] picture book.

1964
First full exhibition in the Kunstbibliothek – Staatliche Museen zu Berlin.

1965
Publication of the *ABC der Tiere* [*Animal ABC*] picture book.

1966
Studio in the St.-Johanns-Vorstadt, Basel. Won the Goldener Pinsel of the Bund Grafischer Gestalter der Schweiz for the complete dtv designs. Work for dtv shown in the Fehr'sche Buchhandlung, St. Gallen. One-man show in the Focke-Museum, Bremen.

1967
Designed the Swiss Pavilion for Expo 67 the Montreal World Fair.

1968
Spent three months in Australia. Exhibitions in the Gallery A, Melbourne, and Sydney. Designed his first political and socially critical title images for the *Nebelspalter* magazine. Became a member of the Eidgenössische Kunst-Kommission für angewandte Kunst [national applied art commission] (until 1976). Shifted his focus from advertising consumer goods to culturally, socially, and politically oriented commissions.

1969
Married journalist Ursula Huber. One-man shows in Frankfurt am Main and Zurich.

1970
Awarded the Goldene Feder der Plakanda. Designed the *Engel in Kreuzform* [*Angel in the Shape of a Cross*] picture in concrete and glass for the Neuwies cemetery, Volketswil.

1973
Daughter Barbara born. Worked for the Deutscher Caritasverband (to 2003).

From 1974
Home and second studio in Duggingen, south of Basel.

1979
Daughter Celestina born.

1982
Wide-ranging one-man show in the Stadtmuseum in Munich. Awarded the Goldenes Taschenbuch [Golden Paperback] to mark his sixtieth birthday, and the Piatti Prize for publishing graphics was established by dtv for the same occasion.

1985
Awarded the Preis des Schweizer Buchhandels.

1986
Celestino Piatti – 30 Jahre Buchgestaltung [*30 Years of Book Design*] exhibition in the Zurich central library.

1989
Commission by PTT, the Swiss postal service, to design a series of stamps on the theme of domestic and farmyard animals; the stamps appeared in the mid-1990s.

From 1990
Designed faces for artists' watches.

1991
Designed the *Lebensbaum* [*Tree of Life*] and *Athleten* [*Athletes*] iron sculptures for the Fadacher school complex in Dietlikon.

2007
Died on December 17 in Duggingen, near Basel.

--
ABBILDUNGEN:
Werbeplakate, 1958–1965

FIGURES:
Commerical posters, 1958–1965

Bibliografie/ Bibliography

Bücher/Books

Herdeg, Walter (Hg.): *Graphis Annual*; Graphis Press, Zürich 1962-1972

Berckenhagen, Ekkart (Hg.); Waetzold, Stephan (Hg.): *Celestino Piatti, Plakate, Graphik (Katalog zur Ausstellung)*; Stiftung Preussischer Kulturbesitz, Berlin 1964

Gurlitt, Wolfgang (Hg.): *Celestino Piatti – Buchgestaltung, Entwürfe, Graphik, Glasbilder (Katalog zur Ausstellung)*; Galerie Wolfgang Gurlitt, München 1966

H.-Berthold-Messinglinienfabrik und Schriftgiesserei (Hg.): *Das dtv-Taschenbuch und die Akzidenz-Grotesk von Berthold*; Berthold AG, Berlin 1966

Kloos, Werner (Hg.): *Celestino Piatti (Katalog zur Ausstellung)*; Focke-Museum, Bremen 1966

Hillebrand, Henri: *Graphic Designers in Europe 4 – Franco Grignani, Heinz Edelmann, Jacques Richez, Celestino Piatti*; Bijutsu Shuppan-sha, Tokio 1971

Deutscher Taschenbuch Verlag (Hg.): *Zehn Jahre dtv – Verführung zum Lesen*; Deutscher Taschenbuch Verlag, München 1972

Gasser, Manuel: *Celestino Piatti – Das gebrauchsgraphische, malerische und zeichnerische Werk*; ABC Verlag, Zürich 1979

Gasser, Manuel: *Celestino Piatti – Das gebrauchsgraphische, malerische und zeichnerische Werk*, Deutscher Taschenbuch Verlag, München 1982

Friedrich, Heinz (Hg.): *20 Jahre Deutscher Taschenbuch Verlag 1961-1981*; Deutscher Taschenbuch Verlag, München 1981

Berthel, Werner (Red.): *30 Jahre Deutscher Taschenbuch Verlag 1961-1991*; Deutscher Taschenbuch Verlag, München 1991

Lange, Günter Gerhard: *Über die Entstehung und Bedeutung der Akzidenz-Grotesk-Serie (Sonderdruck für den Deutschen Taschenbuch Verlag)*; Partner Satz, Ingolstadt 1980

Weber, Bruno (Hg.): *Celestino Piatti – Meister des graphischen Sinnbilds*; Deutscher Taschenbuch Verlag, München 1987

Piatti, Celestino: *Plakate/Posters*; Deutscher Taschenbuch Verlag, München 1992

Artikel/Articles

Jenny, Urs: «Der Deutsche Taschenbuch Verlag»; *Das Wort – Literarische Beilage der Monatszeitschrift DU*, Nr. 2, 1963

Frenzel, Ivo: «Fünf konsequent gestaltete Paperback-Serien»; *Graphis*, Nr. 105, 1963

Netter, Maria: «Celestino Piatti»; *Graphis*, Nr. 111, 1964

Amberg, Vre: «Piatti erzählt von seiner Arbeit»; *Die Frau*, Nr. 20, 1969

Flemming, Herb: «Taschenbücher»; *Novum Gebrauchsgraphik*, Nr. 10, 1979

Kock, Albert: «Warum ist ihr Handwerk eine Kunst, Herr Piatti?»; *Frankfurter Allgemeine Zeitung Magazin*, Nr. 6, 1990

N.N.: «Celestino Piatti»; *Novum Gebrauchsgraphik*, Nr. 3, 1991

Halter, Martin: «Man kann eine Eule tausendmal zeichnen»; *Tages-Anzeiger*, Zürich, 20.12.2007

Weber, Bruno: «Handwerk und Phantasie»; *Neue Zürcher Zeitung*, 21.12.2007

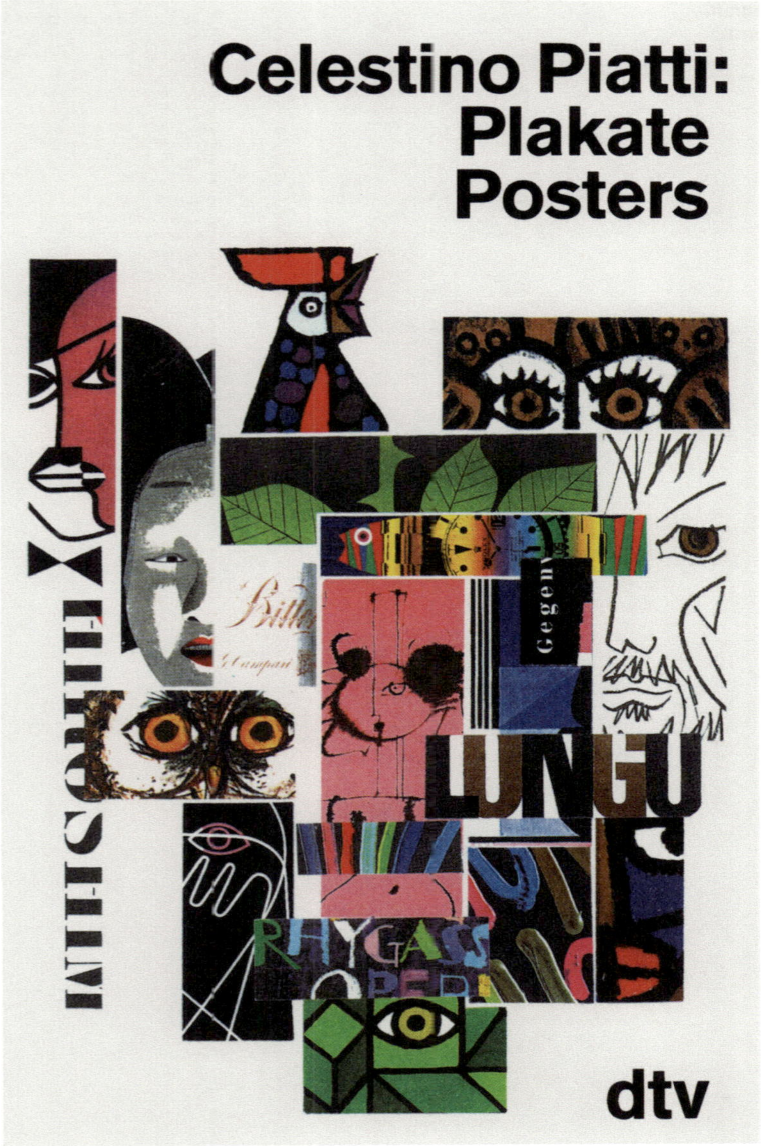

2849

Celestino Piatti
Plakate Posters

01/1992

Impressum/ Imprint

Celestino Piatti –
Die Einheit des Programms
Celestino Piatti –
The Unity of the Program

A5
Herausgegeben vom labor visuell am Fachbereich Design der Fachhochschule Düsseldorf/
Published by labor visuell [visual lab] at University of Applied Sciences Dusseldorf, Department of Design

Herausgeber, Konzept, Gestaltung/
Editor, Concept, Design:
Jens Müller, www.muellerweiland.de

Begleitung/Attendance:
Prof. Victor Malsy, Prof. Philipp Teufel

Koordination/Coordination:
Katharina Kulke

Übersetzung/Translation:
Michael Robinson
Lektorat Deutsch/German Copyediting:
Michael Ammann
Lektorat Englisch/English Copyediting:
Keonaona Peterson

Dank an/Thanks to:
Bibliothek der Fachhochschule Düsseldorf, Düsseldorf
Deutscher Taschenbuch Verlag, München
Margarethe Lange, Großhesselohe
Ursula Piatti, Duggingen
Fritz-Peter Steinle, Unterschleißheim
Karen Weiland, Köln

Druck, Einband/Printing, Binding:
B.O.S.S Druck und Medien GmbH, Goch

Printed in Germany

Fachhochschule Düsseldorf
Fachbereich Design
Georg-Glock-Straße 15
D-40474 Düsseldorf

Lars Müller Publishers
CH-5400 Baden/Switzerland

www.fh-duesseldorf.de
www.lars-muller-publishers.com
www.a5design.de

ISBN 978-3-03778-178-4

Hinweise/Notes

Alle abgebildeten Buchumschläge haben im Original das Format 10,8 x 18 cm. Einzelne Reihen wie «dtv-großdruck» oder «dtv Kunst» haben das Format 12,5 x 19 cm./
All the book covers illustrated have an original format of 10.8 x 18 cm. Individual series such as «dtv-großdruck» or «dtv Kunst» are in the 12.5 x 19 cm format.

Zum Verständnis der Coverillustrationen wurden die dtv-Buchtitel für diese Publikation wörtlich aus dem Deutschen übersetzt./
To make the cover illustrations more readily comprehensible, the dtv book titles were translated literally from the German for this publication.